在不伤害对方的同时感动对方的关系心理学

接纳
自己，
就接纳了
世界

（韩）杨昌顺 著

千太阳 译

天津出版传媒集团

天津教育出版社
TIANJIN EDUCATION PRESS

图书在版编目（CIP）数据

接纳自己，就接纳了世界 ／（韩）杨昌顺著；千太阳译.
—天津：天津教育出版社，2013.7
ISBN 978-7-5309-7262-5

Ⅰ.①接… Ⅱ.①杨… ②千… Ⅲ.①心理学－通俗
读物 Ⅳ.①B84-49

中国版本图书馆CIP数据核字（2013）第137480号

接纳自己，就接纳了世界

出 版 人	胡振泰	
作 者	（韩）杨昌顺	
译 者	千太阳	
出版监制	刘 峰	
责任编辑	常 浩	
特约编辑	邱 霜	
封面设计	刘红刚	
版式设计	新兴工作室	

出版发行　天津出版传媒集团
　　　　　天津教育出版社
　　　　　天津市和平区西康路35号 邮政编码 300051
　　　　　http://www.tjeph.com.cn

经 销	全国新华书店	
印 刷	三河市中晟雅豪印务有限公司	
版 次	2013年8月第1版	
印 次	2013年8月第1次印刷	
规 格	32开（870×1280毫米）	
字 数	100千字	
印 张	8	
书 号	ISBN 978-7-5309-7262-5	
定 价	30.00元	

著作权合同登记号：图字　02-2013-121

让这个世界接纳我的方法

有一次，受到朋友的邀请，跟一些初次见面的人去南岛旅行。开始每个人都做了自我介绍。有趣的是，每个人都会在自己名字后面加上职业及单位。当我介绍完自己之后，邀请我的那个朋友突然对我说道：

"我听说你开了一家人际关系诊所，不知你本人在人际关系处理上怎么样呢？"

这位朋友具有这样一种幽默感：用一句简简单单的话即可改善全场的氛围。但他也会偶尔于幽默中含一丝锐气。虽然平时我对此倒是无所谓，但这次，我却好像被他的话狠狠扎了一下。

说实话，曾经有一段时间，我非常忌讳被别人提到自己是人际关系方面的专家。

专家们经常陷入的困境之一，便是对自己期待过高，觉得自己应该掌握相应领域的所有知识，给外人呈现出一副完美形象。我也一度曾为了这份期待而拼命付出过努力。当然，最终的结果和付出的努力完全不符。

我在矛盾中徘徊良久，不知从什么时候起慢慢放下了这份期待。没想到，此后我的内心居然变得格外踏实。对别人的指点评论，我不再像从前那样敏感。在人际关系处理上，道出自己的职业也变得不再难以启齿。我仿佛让自己得到了某种全新的自由。如果换成从前的我，可能会在听到诸如"既然身为专家，人际关系也应该处理得很不错"一类的话时心里非常不踏实。然而，如今内心已经一片自由的我，足以用一句"先甭提人际关系，反正和爱人的关系不咋样"来从容应付。

我们隐藏真心的理由

我们对人际关系的追求总是有正反两面。一种是"只要可以"就随心所欲自由行动，另一种是知道"这不可能"。因此小心慎重抑制自己。当这两种追求相互碰撞便会产生很多矛盾，最终，大部分人的身上会留下后者的印记。

因为他们认为，想要得到别人的认可，就只能这么做。

我们从小受传统文化的影响，认为坚持自己的想法并非一件好事。可能有人觉得，正是受"谦逊即美德"这一思想的熏陶才形成了大家今天的习惯，但我认为其实不然。

每个人都渴望堂堂正正、自信十足地直率而言。事实上，有些没能及时表达自己想法的人来找我咨询时也会说："我想表达自己的想法。真的很讨厌这个只能曲意逢迎的自己。"

其实，不仅是他们，包括我在内的大部分人都不擅长表达自己的想法。

因为，被对方否定是件相当可怕的事情。很久之前兰波就曾说过："不存在从没受过伤的灵魂，只不过是我们没有勇气来面对人际关系带来的伤害罢了。"所以，直到今天我一直在思考这样一个问题，"到底该不该说出自己的想法？如果对方说我不礼貌该怎么办？"此外，能给我们内心带来恐惧的还有"我可不可以先敞开心扉""会不会最后受伤的只有我""应该没有人想法和我一样"等一系列问题。

接纳自己，让人际关系瞬间好转

其实，对方也有和我一样的烦恼。这里我们可以找到一个明确的解决方法。我先将害怕受伤、害怕被否定的心理表现出来。如此一来，走近对方并主动伸手就会变得更加轻松。同时，表达自己的想法，坚持自己的主张也变得不再可怕。当然，对方也可以理解包容你的言谈举止。

为了达到这个目的，我们首先要与自己和睦相处。我们似乎非常了解自己，但现实往往相反。所以，我们需要具备足够的勇气来走出这一误区，包容真实的自己，扬长避短。只有和自己和睦相处，才能给对方呈现出"真实的自己"，从而才能和那些包容你的人和睦相处。不仅如此，与自己和睦相处还可以改善自己与指责自己的人们的关系。先看看那些指责有没有道理。如果有道理，那就改正自身的不足；如果没道理，那就看作对方的过错。简言之，即"做个直率的人"。

我在前文中已提到过，从前，我常常会在不同意对方意见时有这样一些想法，诸如"如果我继续坚持自己的意见，对方会不会受伤"或"没准对方会背后说我坏话"，末了说一句"随你便"便不了了之。不过每当遇到这种情况，结果都不会很好。因为事情最后既没让自己满意，又让对方说出"你不是说过无所谓么，责任不只在我"一类话。这时，我再怎么表示"我当时害怕伤到你才放弃"也无济于事。所以现在我才改变了想法。

接纳自己的前提条件

通过亲身经历，我体会到这样一点：既然我要负责任，就要明明白白地表达出我自己的意见。这对我的人际关系有着非常重要的意义。这并不意味着我是在无视对方的意见，而仅仅说明我要坦率地表达出我自己的想法。其核心在于"明确和简洁"。有趣的是，只要我做到了这一点，对方也能够包容我。

因为对于任何一个人来说，对方不表达自己，就无法知道对方的本意。人们不可能知道你是因为喜欢才说喜欢，还是因为害怕受伤才说喜欢，抑或是因为麻烦、疲倦、摆脱矛盾才说喜欢。所以，最好明确表达出自己的本意。这就是我所理解的"健康直率"。

当然，这里需要几个前提条件。

首先，我需要了解自己的想法是否合理客观。如果在什么都不懂的情况下一味地发表意见，那就不是直率，而是一种无知和粗鲁。

其次，要理解他人，珍爱生活。只有这样，才能在坚持自己想法的同时包容这些想法所产生的矛盾，并一一化解它们。

最后，不管在何种情况下，都要保持风度。吃了尖锐的东西，很容易消化不良。人类的感情也一样，各种尖锐的要素相互碰撞，很容易产生伤害。风度会让这些尖锐的东西变得温柔而缓和。

所幸的是，不知道从何时起，这种以年轻人为中心进行沟通的文化氛围正在不断扩散。很多人通过自由地展现自我，也接受别人的做法，从而为建立更加健康的人际关系而努力着。

之所以这些努力非常重要，是因为人之本性当中有一种渴望通过与人和睦相处达到人生成功的强烈欲望。当我们无法实现这种欲望时，就会倍感蹉跌。受伤意识与怨气便从这个时候开始积累。为了克服这些问题，我们务必要了解那些让我们内心无时无刻不难受的心理问题。

正如我们把自己推出去，去了解别人，通过这种努力我们会不断加深对人类的理解。这不仅限于一般的人际关系，对提升领导能力也有很大的帮助。唯有理解才能达成共鸣，唯有共鸣才能进行沟通。而且，当你不断尝试这种努力时，这个世界才能了解你的真心，这个世界的人们才能对你伸出双手，敞开心扉。

本书将把这些主题以一个章节一篇故事的形式传达给读者们。我非常希望将我的内心想法传达给广大的读者朋友。如果能够帮助更多人将恐惧转化成力量，我也就毫无遗憾了。

渴望人际关系的自由

杨昌顺

目　录

Chapter Three
距离会带来健康的人际关系

Chapter Four
感动TA而不伤害TA的关系心理学

Chapter Five
妨碍接纳自己的9种心理问题

Chapter One

这个世界为什么不懂我的心

为什么受伤的只有我自己

有很多人认为，在人际关系中只有自己才会受伤。这种想法根源于内心深处的自恋情结。

"我是个善良耿直的人，不可能做出给别人带来伤害的事情，所以人际关系恶化完全在于对方，我之所以难过，是因为他们会伤害到我。"这类想法都是人际关系恶化的基本前提。

这种话听来可能会有些残酷。

不可否认，普遍拥有这种自恋情结的物种就是人类。一旦拥有这种想法，就会陷入自我怜悯，受到伤害，从而让自己难受。同时还因得不到别人的安慰，觉得世界上只有自己才是可怜的人。这种人的自我厌恶情绪可能会变得更强烈。这种情况下同样无法摆脱负面情绪，只会觉得自己受到了伤害，别人从来不关心自己。

认为只有自己受伤害的人们

金成民先生对周围的人充满了愤怒和受害意识。他经常会受到别人的伤害，而且程度不浅。他认为，自己对他人全心全意，以礼相待，努力尊重对方的意见，也自认为给了他人足够的关怀。

不过，人们却没有接受他的好意。至少和他自己的期待值大不一样。不，金先生反而受到了更多的无视和排斥。人们并没有礼貌地回敬他，也没有足够地尊重他，更不用谈什么关怀了。

他觉得，大部分人一开始还不错，但时间一久便露出了本来面目。金先生认为，周围所有的人都太过自私自利，为了拉拢人心而不择手段，完全不考虑对方的立场。

这些人不会顾及别人的想法，只会按自己的主张任意而行。这些人当中似乎只有金先生自己是受害者。这种想法让他越来越难受。每当看到那些给自己带来伤害，却若无其事有说有笑的人，他的受害意识和愤怒感就会突然萌生。有时这种感情会非常猛烈，连他自己都会大吃一惊。一想到如果某天自己无法控制这种感情而发生恐怖的事情，他就非常头痛。

此外，他还会经常产生自卑情结，譬如，为什么自己在人际关系的处理上这么无能，只会受别人欺负。他常常会觉得自己是一个十足的傻瓜，无法正面应对那些看不起自己、伤害自己的人，最终也只有每天叹气的份——"我怎么会是这样没用的人"。

他有一个癖好，即每当进入诊疗室后会在入座前盯着我的脸看上几秒钟。开始我没有当回事，但后来发现他总是如此，我不得不问其中的原因。他反问道：

"难道老师也觉得我的视线让人不安吗？"

我回答说："应该每个人都会这么觉得吧。"他随即回答道：

"别人也经常会说我的视线让人不安。不过我也毫无办法，这个毛病跟了我一辈子了。"

"可能因为在处理人际关系上屡受伤害才变成了这副样子，所以我才会更加认真地观察对方，想知道对方是什么样的人。换句话说，就是想知道对方会不会骗我，或者是不是表里不一。"

听完他的话后，我问他，通过这样的方式有没有将对方看穿，他深深低下了头。他回答道，虽然知道这种方法没用，但就是改不了。这也说明他的受害意识已根深蒂固。我对他说，"看一两次是没办法知道对方内心的。你在认识我的过程中不也是经过了一次又一次的谈话吗？所以你那种只见一两次就渴望了解对方全部心理的心态仅仅是受害意识作祟罢了。"

姜敏雅同样是那种总爱抱怨人际关系中只有自己受伤的人。

本来就没有几个朋友，只要在一起就会各吐苦水。就算是倾诉一下苦楚，对方也仅仅是表示同情而已。相反，当她们有心事时，看到别人同样的反应就感到遭人背叛。姜女士认为，既然是朋友就不该这样，所以自己会经常找借口不去聚会。

和家人们在一起也是一样。这个家庭中的每个成员都非常忙碌，打开始就说不上相互体贴、相互关怀。常言道，难过时可以从家人那里取暖，但姜女士却并没有这种体会，反而因为家人受到了不少伤害。

她认为，作为兄弟姐妹当中的老小，自己却是最大的受害者。年迈的父母虽然没有经济能力，但已经出嫁的两个姐姐经常给他们生活补贴。每当这时，只有敏雅最受伤。在社会打拼了十年却连个存折都没有，恐怕这样的人只她一个了。

男友也不例外。开始倒也有过一段热恋时期，但相处三年，激情已退，现在见个面也没什么感觉了。而且，男友的情况更为严重。虽然会偶尔提及结婚，但敏雅这边并没有做好经济上的准备，男方也仅留一句"那就以后再说"。就这样，敏雅对鸡毛蒜皮的小事也会异常敏感，吵架的次数也越来越多。每当这时受更大伤害的人当然是她自己。因为相比男友，她对两人的关系怀有更大的不安，所以只能这样。

在她眼里，除自己以外的所有人都过得非常自在，这个世界上，受到伤害、被人欺负的人只有她自己。这种想法越深，孤独感和受害意识便会越强烈，人际关系也会变得越来越差。由于受害意识过于严重，所以即使是丁点儿小事也能使她大发雷霆，严重时甚至言语攻击，于是人们渐渐与她疏远。没察觉到自己状况的敏雅只能天天生闷气：为什么受伤的只有我自己？

我也想得到那种关怀

我们之所以会认为受伤的只有自己，这和对他人期待过高不无关系，觉得对方至少要对我做到这种程度才行。不过，无论是在公司还是在家里，这种期待基本不会得到满足。对方可不是我。所以，从一开始就不可能让对方了解我对他的期待值，从而全心全意地满足我。当然，有人会反驳，对方只要对我充满理解和关怀，就能理所当然地做到那种程度。实际上一定也存在着这种人。

不过无论如何，不可能有那样一种每时每刻能看穿我心思，从而满足我期待值的人。我经常说，人是一种以自我为中心的存在。也就是说，比起对方的欲望，自己的欲望肯定更为强烈。因为我们人类的大脑中有共鸣神经细胞，所以才会产生共鸣和关怀。

我们每个人都很清楚，良好的人际关系可不是通过某一方即可单独实现的东西。相互沟通，有给有求，这才是所有良好人际关系形成的前提条件。那么，这里也肯定存在特定的规律。如果一次性要求太多，就会让对方产生负担。这与我们吃东西时先吃开胃菜后吃正餐是一个道理。

人际关系也需要这种过程和时间。

不久之前我看过高贤贞演员的一段采访。记者问她，"你是怎么做到对朋友倾心有加的？"仿佛因沟通问题曾受到过强烈折磨的她立马给出了答案：

"因为我也想得到那种关怀！"

她说，过去几年，她的朋友给予了她同等的爱护和关怀，这一点让她十分欣慰。她的案例可以充分说明人际关系中的相互给予是多么的重要。

有多少人一辈子都没有在人际关系方面经历过孤独和挫折？恐怕没有吧。所以不要把它当成自己的问题。对于所有人，把问题当成人生中必须经历的东西，内心就会豁然开朗。此外，不要因为小小的矛盾就对整个人际关系产生偏见。

打个比方吧，如果有人对你说，"喂，你这个猪脑袋！连那么简单的题都不会做！"你肯定非常生气。不过如果有人对你说，"原来你不擅长数学啊！"你则不会火冒三丈。同理，在人际关系上，"原来我只是这种人"的想法会让自己感到受了侮辱，理所当然地会生气。不过换个思维方式，"我只不过不擅长处理这类问题罢了"的想法就会让自己舒服很多。

寻找属于自己的自我肯定方法

如果愤怒感和受害意识日积月累，就会出问题。因为你会在这个问题上浪费很多情感，没有谁会在生气的状态下思考出创意性金点子。自己责备自己的情况，就更不用提了。一旦这种状态变得严重，自己就会越来越自闭。所以，如果渴望活得更有创造性，请不要对自己和他人拥有过高的期待值。这样一来就不会妄自菲薄，也不会大失所望了。除此之外还要努力养成不为对方评价所动摇的能力。换句话说，就是要培养自我肯定的能力。

塞内加曾说过，"按照自己的想法自由改变现实，或者以平和的心态接受眼前不变的现实，所谓智慧，正是如何正确区分这两种状况"。

当你拥有了这种智慧，就不会再认为受伤的只有自己了，同时也会慢慢摆脱受害意识。

治　愈　疗　法　1

接受眼前的自己

不要妄自菲薄，不要内心有愧，试着先对自己说，我是自己内心的主人。想一想，我这样谴责自己，给自己带来的伤害到底有没有意义。如果我的内心抗议"这样虐待自己忍心吗？"我自己也许会无言以对。

可能自己很快就会知道，所谓自愧，根本没什么根据。

妄自菲薄，内心有愧，有时是因为自己对自己的期待值过高。总认为自己不管做什么都要完完美美，一旦有些许磕碰，达不到期待值，自己就无法原谅自己。试着用纸笔记录下自己性格中到底有多少完美主义，又有多少因完美主义而无法原谅自己的强迫观，返躬内省一下吧。

自己要一直陪着自己，直到生命终结为止。所以，试着多多去原谅自己吧。

从出生到现在，我经历的所有事情造就了现在的我，虽然有一部分不尽如人意，但也有不少部分让我欢喜。慢慢去改正自己讨厌的部分，敏于思，践于行，总有一天，你会发现自己比原来成长了很多。

把"我是真心的"放在心里

让我们好好想想，到底什么情况下会说出"我是真心的"。也许给对方带去伤害时会说，"我是出于真心才那样对你，你误会了我的真心才会受伤。"但除了这种情况，基本上便不会用到这句话。

当然，有可能自己的确是真心的，但如果对方受到了某种伤害，那么继续表白自己的真心自然就显得毫无意义。我们可以认为，"我是真心的"越少使用，人际关系就越牢固。

我们每个人都是双面人

那么，到底为什么有那么多的人始终无法放弃"我是真心的"这样一句话呢？

这和我们的潜意识有关。我们每个人都希望在人际关系中影响对方，让对方高兴，从而认可自己，这种欲望是普遍存在的。所以，我们会想方设法让对方看不到自己的真实面貌。任何人都不可能清楚地了解自己的真实面貌，就算可能，也不会有人完全喜欢这种真实面貌的自己。

我们非常了解这一点：看似智慧，实则愚昧；看似勤奋，实则懒惰；看似慷慨，实则吝啬；看似真实，实则虚伪。这种矛盾的形象组合在一起，就是"我"这个人。何况，从本能来讲我们都不愿让对方看到自己愚昧、懒惰、吝啬、虚伪的一面。一旦这种欲望走向病态，就会引发严重的后果。因为"我"会过分执著于自己那些令人讨厌的一面，从而在这上面浪费过多的精力。

精神医学上将这种状况称为神经症。

神经症，即一个人所具有的精神能量没能用在创造性上，而是大量浪费在不必要的事情上。患上神经症之后，便会不知不觉地向别人隐藏真实的自己，表现出只愿表现的一面。为了消除此时的不安感和负罪感，就会用"老实""真心"等词汇表达自己。

就算没有达到神经症的程度，我们每个人也都具有些许的伪善和双重性。但就算这样，我们也不愿让对方发现。如此一来，自己便会在不经意间用所谓的"老实"和"真心"把自己层层伪装。

李妍熙女士与男友只相处了三个多月便分手了。更大的苦恼是周围人的反应。"你说你甩了那么一个高富帅？你先提出的？对方明明挽留你了，你是不是脑子短路了？""高富帅"是不假，所以连家人都用冰冷的眼光看她，没有丝毫理解之意。

按照通常的标准来看，他的确是一个非常不错的男人。正如她们所说，长得帅，能力强，背景硬，穿着打扮也很有型。不，应该说比描述的更为出色（这一点反而让李妍姬产生了某种不安）。真正让她产生反感的是对方的口气。他总喜欢在说话前加一句"老实说"，在说话间，每时每刻都能听到他重复这一口头禅。他常用的口头禅还有"我说的是真心话啊"。

如果不断地听到"老实说"和"我说的是真心话"，会有何种感想呢？李妍熙说，到头来任何话听上去都不再像真心话，虽说仔细想想也没错，但真正老实和真心的人没必要整天把这些话挂在嘴边，这样反而会让人想到那种不老实、虚伪强过真心的人。的确，为了自我防护，很多人会无意识地使用这类话语。李妍熙仅仅是看穿了真相而已。

此外，男方还有一个坏习惯，即对那些条件差于自己的人语出刻薄。这些都让人难免会对他的人品产生怀疑。和他天天相处竟让李妍熙倍感烦恼。

在提出分手后，男方语气强硬，"老实说我非常怀疑你是不是在拿我开涮。如果不是，说真的，我绝对不会和你分手。"说完他就对服务员大喊大叫，让拿一杯水过来。当服务员端来一杯水时，他又嫌服务员动作太慢，嘟囔不停，就这样，两个人之间的关系有了完美的谢幕。

不过，事后，李妍熙不得不饱受"居然会放走那种高富帅，真是没救了"此类话带来的痛苦。她很难向别人解释那个男人给自己带来了多大的失望。仅仅因为口气有问题就把"高富帅"踢开，周围的人绝对无法理解。不过正是因为这种口气，她才无法对那个男人产生信赖。这一特例并不是只有李妍熙才经历过。老实、真心等词语的使用频率越高，就会越让人失望。

把关心变成真心

什么是真心？就算我在某个瞬间感受到了真心，这种情感也不一定是真心。因为人类的情感每时每刻都在变化。就算起初认为是一片真心，回头想想也会怀疑自己的判断。

我们想要判断真心与否，至少需要两个前提条件。

首先需要对方和自己拥有一样的可贵意识，其次需要接受对方可能和我不同，我的内心和对方的内心也可能不同的心态。

想要得到让人产生共鸣的人际关系，就要有真心作为前提。同样，想要得到真心也要有一些其他因素作为前提，那就是关心。我到底关不关心，我对哪些事情比较关心，这些变化都会将你带进不同的世界。

因此，某些人甚至会说，我们对世界的关心会改变世界的本性。

对于登山爱好者来说，山就是通过挑战确认自己存在的事物。但对于房地产商来说，同样一座山，只有在换成金钱时才显得重要。对于一些相信神话的人来说，那座山可能是神仙的住所。所以山本身并不存在，存在的只有我们自己感兴趣的山。所以说，创造没准就是从关心开始的。连接世界与我自己的通道就是关心。如果没有关心，自己就听不到、看不到，也了解不到了。

所以说，人际关系是从关心开始的。这种关心达到了某种程度就会变成真心。

其次，重要的是共鸣的能力。当我们具备共鸣的能力时，就可以凭着真心走近对方了。想让自己的人际关系变得更加牢固，就要对小事情产生兴趣，提高共鸣的能力。只有当我的真心被传达给对方时，真正的沟通才会开始。真心这个词的真正含义也是从这一瞬间开始体现的。

"我的真实"和"对方的真相"之间

经常看洪尚秀导演的电影，就会发现里面有很多关于"记忆"和误解的东西。《北村方向》也属于这类电影。主人公会根据自己的想法（或是欲望）重新调整自己的记忆，最后直接把这些看做真实。看完这部电影，我们会重新对真实和真相进行思考，对可能产生的误解重新进行审视。友情客串的高贤贞演员在某次采访中说过这样一句话：

"假设有两个人经历了同样的事情，当这两个人把同一事情转达给第三方时，转达后的结果会令人吃惊。"

"我明明坐在旁边，他却能若无其事地把事情改成完全不同的版本，甚至会让人觉得这人竟然这样恶劣。这就好比我看到的明明是红色，对方却说成黑色。每当这时就会给我带来伤害。"

人只会看到自己想看的东西

我们经常会混淆真实和真相，或者会认为这两种东西完全一样。不过她的故事很好地说明了这两种东西是完全不一样的。那么，这里所说的真相到底是什么呢？恐怕红色和黑色都有可能是真相。因为我有权利和义务将我经历过的事情说成事实。不过两者之间肯定存在着某种误解，这一点毋庸置疑。在任何人看来，红色和黑色都是两种截然不同的颜色。不过如果一方认为是红色，另一方认为是黑色，肯定有一方的认识是错误的。

更糟糕的是，有可能有人怀着恶意故意扭曲事实。一旦这个人坚持自己说的是真相，那大部分的人便有可能相信他的话。不过这与真实的确存在很大差距。这种情况下真实和真相会有天壤之别。无论怎样坚持自己说的是真实，也会存在得不到他人信任的情况，这时所有辩解也不过是空虚的回响。

最终无法接受这种状况，受伤的人总是始终坚持真实的我。很可惜，这就是现实。而这种事情此时此刻也出现在很多人际关系中。

崔熙协最近也经历了类似的遭遇，受到了巨大的挫折。当他陷入这种情况时，就像掉进了动弹不得的陷阱中。事件起因于跟同事的一场斗嘴。平时，崔先生和这个同事的关系平淡如水，他感到对方跟自己不和，于是一直对其敬而远之。有趣的是，一旦他有了这种感觉，对方肯定也会察觉到这一点。可能正是因为这样，这位同事对他也并不怎么友好。有一天，两个人因为业务上的摩擦碰到一起，随即引发了小小的争吵。

这件事过后，崔先生给对方道了歉，事情总算得到了和解。因为他并不想和对方纠缠在一起。不过没过多久，他就产生了一种奇怪的感觉。他发现突然间其他同事和那个同事走得很近，并且开始在背地里说他的坏话。不仅如此，两人之间小小的争吵竟被说成了巨大的矛盾，而且现实情况开始渐渐朝不利于他的方向发展。虽然事情让人无语，但他还是先忍了。因为从开始他就对对方没什么好感，而且他相信，过一段时间，人们肯定会了解真实情况，为他辩护。他对自己的处事方式相当自信，认为自己不会做错事。至少他觉得同事们不会不问青红皂白地误解自己。

当然，他也想过"要不要来个正面碰撞"，不过仅仅因这种小事就和同事闹翻脸，听起来着实好笑。然而，随着时间的流逝，状况对他越来越不利。没想到对方居然编造出一些谎话刻意诽谤他，传播负面消息。最终谣言传到了经理的耳边，于是经理把他叫过去责问。为了消除误会，崔先生只好从头一五一十道来。

但悲剧到这里还远未结束。经理说那个同事不可能为了这点儿小事做出这种事，莫名其妙地站在了对方那边。还说感觉是崔熙协歪曲了事实。经理最终的指示就是，不要倔强，先把事实说出来，向对方道歉，尽快解决这个问题。

不管做什么样的辩解都毫无效果。事件哪怕被歪曲一次，也会很难再重新返还真相，无论付出怎样的努力都无济于事。崔熙协此时此刻才体会到"先入为主"这一观念是多么恐怖。他忍无可忍，心中的愤怒和受害意识越来越重，最终不得不找我来做心理咨询。

恐怕有不少人经历过和崔熙协相似的事情。这种案例为什么会这样常见呢？

这说明真实和真相是两种不同的东西，两者之间会存在很大的差异。同时，这种事给当事人带来莫大痛苦和伤害的案例比比皆是。所以，没必要因为这种事情深感蹉跌。

如果能够做到"没错，对你来说红色可能就是黑色，那就是你的真相，不过对我来说红色就是真实，这有什么办法呢。你走你的阳关道，我走我的独木桥。"内心定会豁然开朗。不过这种心态是很难拥有的。我们可不可以接受已经发生的事情，将更大的精力放在减少愤怒上呢？做到了这一点，我们就会在很大程度上避免伤害和挫折。

误会和被误会无处不在

其实，人生中发生的所有事都会随着你对事情的态度而产生不同的结果。无论我们承认与否，我们的感觉都会陪伴我们到入土的那一天。

所以感觉会对我们的想法、行为和感情带来影响。相反，我们的想法、行为和感情也会对感觉产生影响。

近年来，脑科学家们证实了这一点。情人眼里出西施，当局者迷，皆是如此。这说明，即便你见到一个非常优秀的人，如果你当时心情不好，便不会觉得对方有多么优秀。

这种情况下，对方给我留下的印象很有可能并不真实。

此外，如果我到处说他的坏话，那么他的好形象就会受损，我则会变成歪曲事实的坏蛋。这还可以理解为，就算别人对我粗鲁无礼，我也不一定非要发火。我们在生活中肯定会误会别人，同样又会遭到别人的误会。

比方说，我非常喜欢A的态度，对他赞不绝口。然而，坐在一旁的另一个人却认为我在拍A的马屁。之所以会出现这种情况，是因为他不清楚阿谀和赞扬之间的差异。阿谀和赞扬肯定不一样，这与真实和真相的关系有时是截然相反的。

即便是称赞，如果只有接受称赞的人高兴，就很可能是一种奉承了。相反，真正意义上的称赞，应该是令发起者和对象都高兴的事情。除此之外，对对方没有做过的事情赞不绝口的也是一种阿谀奉承。不过称赞是当某个人非常出色地做一件事时才产生的。阿谀与称赞的最大区别在于，阿谀具有目的性，而称赞没有目的性。所以真实和真相之间的差异就是阿谀和称赞之间的差异。两个人之间误会加深，肯定会影响人际关系。

有些人可能会反问，对于那些做出丁点儿成绩的人赞不绝口是不是一种虚假的称赞？与其说这是一种虚假，不如将它看成一种技巧。不是吗？学习的时候需要技巧，工作和运动时同样需要技巧。不过，为什么人们会认为人际关系中的技巧是一种虚假、一种伪善呢？假如我为了真实，只说真相，你可以保证对方不误会你吗？

其实不然。人心善变，1分钟前亲密无间，1分钟后不共戴天，这就是人和人之间的关系。没有什么比这更加复杂。相反，我们可以认为它是最需要细腻技巧的东西。这里所指的技巧不必理解得非常复杂。如果我知道某种真相，但并没有十足把握断定这就是真实，那么在说话的时候就要尽量减少可能给对方带来的伤害，经过一番情感思索后再进行表达，这不就是真正细致的技巧吗？我们还给它取了另外一个名字——"关怀"。

有一个原则我们必须铭记，那就是我们自己所掌握的信息不一定就是真实情况。

小说《魅惑》的作者克里斯托弗·普利斯特说过，"人仅仅会为了自己的形象而调整记忆，但并不会为了准确地解释过去而做这种事情"。

这就说明，当我们和他人相处时，会想方设法为维护自己的形象而让对方高兴，努力给对方带来积极的影响。

他的话与洪尚秀导演的电影有某种程度的不谋而合。正如普利斯特所说，为了维护自己的形象而将非真实的东西说成真相，其实这本身并不具有恶意。洪尚秀导演的电影中出现的主人公同样如此。

最大的问题在于有些人心怀恶意将虚假扭曲成真相。遇到这种情况，我们需要努力找出真实。当然，做起来可没那么简单，必须倾其努力直到最后一刻，否则，那不仅是在逃避真实，还会成为一种遗弃。

谎言一定要拆穿吗

就算意识到我的真实与对方的真相有出入，也仍需面对一个问题，那就是当对方坚持虚假信息的时候，自己到底要容忍到什么程度。

谎言就像空气一样，没有它我们一天都没法正常生活。地球上有60多亿人口，假设其中的30亿人每天都会说至少一次谎话，这就等于世界上每天会产生至少30亿句谎言。

"那是什么话？我怎么可能每天都说谎，我是个正直的人。"肯定会有人这样为自己辩解。当然，不排除真正存在这种人的可能性，哪怕他们只占全人类的1%。不过其他人（包括我）就算不是每天说谎，也会经常因小小的事情说小小的谎话的。我们可能无法察觉到这一点。不过应该不会有人会坚决反驳，说自己绝对不是这样的人。

说谎的心理

如果对方故意说谎或不小心说谎，要容忍到什么程度呢？人们之所以对自己犯下的错误说谎，大致可以分为以下几种情形。

最常见的理由就是逃避。当真相败露时，人们便会非常害怕，从而产生逃避的心理。此外，心里的负罪感和事件可能带给自己的惩罚也会给人们带来恐惧，这也是说谎的一个重要原因。

负罪感是每个人都难以承受的情感之一。没有人想承认自己是犯过错误的坏人。所以当一个人犯下错误时，为了减轻自身的负罪感会"启动"某种自我防御机制。最常见的反应即掩饰。把真相深深埋在心底，不管是对方还是自己永远都不会知道，随后再欺骗对方说自己从来没有做过那种事情。

有些人甚至会慢慢地把自己的谎言当成真相，把真正的真相从自己的记忆中抹个一干二净，这就是"否定（denial）"的精神机制启动的结果。这些人经常会说"我不太记得"，可他们的确认为根本没有发生过这种事情。另一种精神机制就是合理化。之所以会说谎，大都是因为对方强迫自己。最典型的例子就是我本来想说出事件真相，却非常害怕对方无法承受真相，自己也不知道会发生什么可怕的后果，所以才会说谎欺骗对方。还有些人害怕对方看到真实的自己后会非常失望地离开自己，所以才会说谎。

就算不是病态也非心存恶意的谎言，大部分人也会在危机临头时说谎。如果自己的真实面貌暴露了会非常难堪，因此会说谎成性。然而，一旦戳穿这些人，反而会出现贼喊捉贼的情况。负罪感已给心里留下了伤疤，如果有人再捅一下，就会产生更大的痛苦。

有时候，人们实在无法说出谎言，最终会选择非常极端的方法。

从精神分析学上讲，这种羞耻心就是我们通常所说的良心，即我们内心中的超自我自动判断而产生的情感。在一个人的成长过程中，至少到了8岁才会形成真正的良心，其中家庭教育与学校教育、社会道德标准与伦理标准会起到至关重要的作用。

然而，有些人会在成长的过程中过分地辨别是非。这些人在长大之后会把自己的这种残酷价值观强行施加给他人，最终变成那种不会原谅别人的人。相反，如果过度放任，孩子就可能遇到反社会性人格障碍。毫无缘由地说谎的人便属于这一类。此外还有一部分非常罕见的人，他们会为了强化自己的影响力把说谎当成家常便饭。这些人被称为"病态骗子"。问题在于他们会把自己说的谎话当成一种真实事件。这就好比酒疯患者在病情发作下说谎，同时却又坚信自己说的都是真实情况。

大部分人会因负罪感、自我合理化、羞耻心等等原因不知不觉地说谎。在这种情况下，虽然明明知道对方在说谎，但只要对方道了歉，就没有必要深究。我们在人际关系处理中想要相互包容接纳，需要具备这样一个条件：即，能够接受相处过程中失败过的事情，受到欺骗的事情，甚至给内心造成沉重打击的事情。当然，真正做起来可没那么容易。不过至少要努力尝试一下。

不过，当对方是一个"病态骗子"时，干脆不要理睬对方。因为我们没有必要在每一次见面的时候费尽心思去考虑要不要拆穿对方的谎言。

恶意的谎言绝对不能容忍

谎言也分为好几个类型。首先，是那种不会给对方带来大伤害的小谎言。这种谎言常常能在人际关系中起到缓冲的作用。我们将这种谎言称为善意的谎言，对方不会过分追究这些谎言。其次，还有一些谎言是为了隐瞒自己的过错而故意编造的。这种谎言会不会得到对方的容忍就要看具体程度而言了。

最坏的当然是恶意的谎言。这些谎言有时会让对方陷入混乱，甚至会毁掉对方的整个人生，这种情况是绝对不能容忍的。

韩秀珍因为男朋友故意的谎言经常陷入苦恼。两个人已经分分合合三四次之多，虽然彼此相爱，但两个人的性格都非常暴躁，只要大吵一架，就会彼此冷战数月。当其中一方主动伸出和解之手时，两人又会若无其事地重新和好。

不过这次的情况却有些不同。正处在短暂的分手期，男友却和别的女人走到了一起。当然，男方对这件事讳莫如深。秀珍通过别的渠道得知了这一情况。

说实话，当秀珍知道这些情况时，一种无法容忍的背叛感涌上心头。不仅如此，她还非常厌恶男友若无其事的态度。情绪极其激动的她甚至想通过逼供从男友口中得到真相。不过不久后她又立刻改变了态度，决定先让对方说一说事情的缘由。她假装什么都不知道地问男友，"我听说有过那种事情，莫非是真的？"

男友的态度竟然异常坚决，口口声声称绝对没有这种事情，反而埋怨秀珍怎么可以把他看成这样没有良心的人。人的内心本来就是非常奇妙的。秀珍听完这些之后，差一点儿就要相信他。虽然不能这样，但也不能把真相捅破，因为这会给男友带来侮辱感，使二人的关系陷入无法挽回的地步。她还不想和男友分手。在这种情况下，通常陷入困境的不是说谎的人，而是因为这些谎话受伤的一方，当事者没有闲暇去考虑这种情况，这也是一种十分讽刺的人之常情。因为，受伤的一方脑海中只有一个问题在徘徊，那就是到底要容忍对方的谎言到何种程度。

秀珍最终下定决心和男友摊牌。男友最终改变了自己的想法，承认自己说了谎。他的理由居然是，明明知道这是欺骗，但为了秀珍只能这么做。

他说，害怕秀珍知道真相后极度失望、受伤。恐怕他的话并非完全是假的。不过归根结底，还是当初为了隐瞒自己的过错才欺骗了对方，只不过后来因为及时承认了自己说谎才得到了对方的原谅。这不仅理清了秀珍心中的混乱，还为两个人的关系提供了重新选择的机会。

李明姬的案例就比较复杂了。她因为工作的关系，只能周末和丈夫在一起。她在首尔上班，而丈夫在地方就职。一开始并没有什么问题，但有一天一位自称在丈夫公司的总务处工作的女人打来了电话。那个女人说，明姬的丈夫和自己真心相爱，开始明姬的丈夫先追求的自己，但自己并没有理睬，后来不知怎样两人就产生了感情，现在两人基本上生活在一起了。明姬的丈夫也对她说会尽快离婚，再和她结婚，但她在开始根本没有这种打算。不过现在，她改变了想法，打算和明姬的丈夫结婚，所以打来电话劝明姬和丈夫尽快分手。那个女人的口吻异常冷静，甚至让人毛骨悚然。明姬说自己了解情况了，回头会和丈夫商量一下，随即挂断了电话。

明姬在意识混乱的状态下给丈夫打了电话。听完妻子的讲述，丈夫先深深地叹了一口气。

丈夫说，打电话的那个女人的确是在总务处工作的女职员，但两个人的关系并没有像她所描述的那样。

丈夫的原话是这样的。那个女职员在开始对他产生了好感，而且给他带来了很大的心理负担，后来主动提出要和他在一起。女职员说，很清楚他是有妇之夫，所以不会施加多大的负担，只要他在地方（首尔以外的地方）的时候和自己在一起就可以了，而她也会努力证明自己是个多么重感情、多么具有奉献精神的女人。明姬的丈夫果断地拒绝了她，但没想到那个女人居然给明姬打去了电话。丈夫称，没想到那个女人会做到这种地步，同时对自己没能及时把事情告诉妻子感到非常抱歉。

明姬了解丈夫的性格，于是相信了这些话。不过没过多久，那个女人又打来了电话，哭哭啼啼地说自己怀孕了。这时明姬的心才开始动摇。她怀疑或许这个女人说得才是真相。明姬非常渴望了解到底发生了什么事情。最终，她没有通知丈夫便在某天去了丈夫的住处。与其自己胡思乱想，不如亲眼看看丈夫如何偷情。于是，她打算细细搜查房间，找到偷情的证据。

"后来一想，当时的举动确实偏执而疯狂，但当时除此之外别无他法。"明姬说道。

明姬把屋子翻了个底朝天。就在这时，丈夫走了进来。丈夫看到明姬的举动非常吃惊，呆呆地站在原地一动不动。不过马上他就回过了神，开始整理乱七八糟的房间。明姬这才清醒过来。如果放在平时，自己肯定不会做出这样的举动，所以连她自己也非常惊讶自己所做的一切。

丈夫向明姬冷静地说明了他们两人都是受谎言折磨的受害者。盯着丈夫真挚的眼神，明姬才确定他没有说谎。不过之后两个人又因那个女人的谎言受到一番折磨。最后，没有任何过错的明姬患上了抑郁症，不得不做心理咨询。

常言道，"打人者高枕无忧，被打者难以入眠"。这句话一点儿不假。明姬的案例就非常典型。她是对方恶意谎言的受害者，对方是泰然自若的加害者。加害者若无其事，受害者却深受折磨，还有什么比这更冤屈。

前文中提到过，如果心怀歹意的人恶意说谎，绝对零容忍。针对这部分人群，美国作家飞利浦·罗斯说过，"这就是试图通过低贱的方式控制他人的举动。这等于是在一旁观看别人根据不完整的信息做出行动，从而受到种种折磨。严重时会让对方变成一个非常悲惨的人。"

经常说这种谎话的人其实和《奥赛罗》中的埃古一样，使他人的人生陷入混乱和崩溃。

劝人的话永远无法劝己

金美妍女士在二十多岁时和有妇之夫的上司坠入了爱河。本该是正式进入人生正轨的年龄，不料摊上了这种错误的相遇，她的生活由此走向了荒废。这段感情从开始就无法走到最后。在遇到这种事情前，这类故事常常只被描述在电视剧、小说及电影中。在此之前，她一直在思索，一个人到底有多愚昧才会陷入这种陈腐的恋爱模式。有一些人的确喜欢电视剧版的不幸恋爱，而她自认为绝对不会经历这种事情。

不过直到自己陷入同样的境地，她才知道原来现实和想象并不一样。这种感情一点都不陈腐，更不会经历电视剧般的不幸，这些事情让人既心痛又悲伤。金美妍实在无法忍受下去，终于提出了让那个男人和他的妻子离婚，然后跟自己结婚。但从那时起，情况发生了急剧的转变。那个男人开始回避她，后来干脆拒绝和她相见。

然而，除非两人中有一个先离开公司，不然两人只能天天坐在办公室里面对面。让人吃惊的是，那个男人的态度异常淡定，似乎什么事都没发生一样。痛苦不堪的美妍终于失去了理性，对那个男人的怨恨、后悔、愤怒和受害意识让她的精神逐渐崩溃。

每次上班，她都会给那个男人打电话发短信，下班后也要在他家门口等他，还威胁他说如果他不出来见她，她就马上闯进去。那个男人却无动于衷，她忍不住给他的妻子打了电话，在电话里破口大骂。她本以为到了这种地步，夫妻两人就该分手了，但恰恰相反，夫妻两人一同将她踢了出去。

越是这样，她的复仇欲望就越大，行动起来也变得更有破坏力。最终金美妍与那个男人都不得不放弃了这家公司。朋友在一旁实在看不下去了，苦劝之下她才决定来做心理咨询。

咨询的初期，她仍然无法平息对那个男人的愤怒。

这种愤怒和怨恨甚至转嫁给了她的父母。她说，当自己和那个男人相遇的时候，如果自己的处境没那么不幸，就不会被他的诱惑拐走了。因为当时她父母经营的事业出现了危机，家人的生活费用全靠她一个人。当她想出去尽情地和朋友玩的时候，却只能老老实实地干家里的活儿，慢慢地，她变得越来越抑郁。

就在这时，上司那充满安慰的话语和各种礼物让她主动投怀送抱。她觉得最初让自己陷入不幸的父母和兄弟是那么地令人反感和厌恶。

这种愤怒转化成了她对整个世界的敌对心理。她把世界上的人分成了两类：不幸的自己和幸福的其他人。她说，除了自己，世界上所有的人都是幸福的。她同样讨厌那些幸福的人们。

她想起了纪尧姆·米索在著作中写过的一段话。

"这个世界上之所以有那么多看起来幸福的人，是因为他们都是与你擦身而过的人。"

然而，我却不能对她说这样的话。因为她内心中的怨恨和受害意识实在是太严重了。

幸好，在咨询过后美妍的状态逐渐稳定了下来。她开始慢慢回顾自己的人生。突然有一天，她遇到了一件有趣的事情。

某个公司有一对绯闻情侣，两个人都是单身才引来了人们的一阵胡猜乱想，后来男方背叛了女方。通常在这种情况下，女方的立场会变得格外被动，还常常会被推到风口浪尖。遭到背叛的女孩也和美妍一样痛苦。而美妍却站出来给她提了一些建议。

"要离开的人早晚都会离开，所以没必要独自承受那些痛苦。如果一直这样下去，最后受伤的只会是你一个人。所以，恋人离别时就潇洒地祝福对方吧，不然你会陷入无尽的怨恨和复仇中，受害意识也会越来越强烈，最终使自己变得一文不值。所以不要再浪费时间了，早点儿把他忘了吧。"

美妍还对她讲述了自己的亲身经历，想方设法安慰她。对方最终敞开了心扉，答应会按照她的建议去努力。

美妍在心理咨询的时候对我说道：

"其实我也非常惊讶自己居然能这么从从容容地给她忠告。不过这也说明我心中的伤正在慢慢愈合。自己明明能给别人提供合理的建议，却不能把这些建议适用在自己的身上。虽然很矛盾，却毫无办法。"

她叹息一声。

"如果能把对她说的那些话说给当初的自己听该有多好，这样肯定能避免那段残酷的经历了。"

她的悔恨让我非常痛心。我们每个人在生活中一定也被这种悔恨折磨过，有一本诗集便以《如果当初也能知道》为名。反复经历的这种后悔和叹息，也会不知不觉成为人生的一部分。

为什么无法客观地看待自己

我们为什么会像美妍一样，无法把对别人的建议适用在自己身上？

我们之所以能够为他人提供建议和忠告，那是因为我们已把别人身上的问题当成了生活中经常发生的事情。相反，对于自己的问题却无法保持客观的态度。美妍经历的事情就是一个典型的案例。她之所以无法承受那些痛苦，想方设法地要向那个给她带来伤害的男人进行报复，是因为她把自己经历的事情当成了"只发生在我身上的特殊事例"。换句话说，即事情发生在别人身上时可以接受，但绝对不能发生在自己身上。

我习惯说这样一句话：每一个人都是极端自恋症患者。这个世界上没有比自己更加重要的人。豪尔赫·博尔赫斯在《小径分岔的花园》中写过一篇经典的文章。

"虽然数十个世纪、数千个世纪在流逝，但事情发生的时刻却只有现在。世上有许许多多的人，但实际上，只有发生在我身上的事情可以算作正在发生的事情。"这句话意味着什么呢？其实，博尔赫斯描述的正是只会对自己关心的人类本性。

　　每个人都无法客观地看待自己的问题。这是因为我们在内心深处时时刻刻对自己说，自己才是最为重要最特别的存在。因此把对别人的建议说给自己听，或许是一种天方夜谭。想要变成那样的人，只有一个方法，就是努力去用客观的眼光看待自己，并努力把发生在自己身上的事情当成世界上每个人都可能经历的事情。

　　在大街上行走时被他人注视是件常事，不过当你把某种特殊的意义施加在上面，那可就大不一样了。如果认为对方看我是因为瞧不起我，就会产生受害意识；如果认为对方看我是因为我长得好看，那就会被当成过度妄想。我在大街上行走时也会经常无意识地看别人，怎么可能强迫对方不要看自己呢。如果能够这么想，心里就会好受很多。相反，如果一直思考"为什么是我"而不断寻找意义，就会非常令人头痛。

　　人生的所有问题都具有一般性和特殊性。发生在我身上的问题，也有可能发生在其他人身上。

　　尽管如此，人们还是会把发生在自己身上的问题当成特殊的问题。而能够对这种特殊性产生影响的，便是自己的心理障碍。如果你能把一般性东西当作一般性东西看待，心理障碍就不会对你产生影响。精神医学专家荣格证明了这一理论。通过对语言的联想监测，他发现人们会对那些对自己具有特殊意义的单词进行联想。

比方说，我和父亲的关系非常好，那么我就会对"父亲"一词有着正面的印象。相反，如果我和父亲的关系不太好，我就会在听到"父亲"一词的时候心里涌现出对父亲的无端愤怒。如此一来，我就会为了掩盖自己的真实想法而美化自己的父亲，也可能对父亲这一形象产生无缘无故的愤怒。

想得到多少就付出多少

我的问题对我个人来说当然是特别的，但当我们能够将它看成一般性的问题，就可以从更加客观的角度分析解决。

《圣经》中所说的"想得到多少就付出多少"不正是如此吗？渴望得到他人的认可是我的一种特殊性，但如若将这看成一般性的现象，就能够理解对方也和我一样具有渴望得到认可的欲望。当这种理解和包容逐渐增加时，人际关系上的各种问题也会迎刃而解。

这种心态会很大程度地影响到自己问题的解决。前文中曾提到，无论在何种情况下，我们都无法把对他人的建议适用到自己身上。不过只要能够尽力从客观的角度看自己，这也并非完全不可能。

我们还需要铭记一个事实，那就是每个人所渴望的东西都是一样的。从这种意义上讲，唯有将自己的特殊性转化成一般性，人类的成熟才能被彰显。

其他人的问题不会受我的感情支配，所以我们可以从客观的角度观察并判断问题。然而，我自己的问题却会受到感情的左右。我会对背叛自己的人产生愤怒，心灵创伤带来的忧郁、痛苦以及对未来会不会经历相同遭遇的恐惧等情感都会对我们的大脑产生一定的作用。这样一来，脑细胞神经传达物质（neurotransmitter）的均衡和协调就会被打破，从而对负责我们大脑思考的大脑皮层产生影响。正因为如此，我们越是感情用事，我们的记忆力、集中力和判断力就越会受到与之相应的影响。

最近专家学者对大脑的研究表明，情感和思想是无法分割的。所以说，思想会对情感产生影响，而情感同样会给思想带来作用。

"气死我了，没法好好思考了。我怎么可能会忘记那件事。"

说这种话的人就是证明思想与情感共存的典型例子。越强烈的情感对思想的支配作用也就越大。所以当情绪激动时，最好不要下任何决定，或者过了一段时间再下决定，这才是明智的选择。

当海面上波涛汹涌时，我们是无法看到海底的，要想看到海底只有等海面平静。人的内心也一样。当我的内心波涛汹涌时，我很难知道自己想要什么，应该去哪里。而且，无论什么样的情感，过一段时间后肯定会沉下来。因为我们身体中会产生特定的精神机制来保护我们的内心。想要更快速地让感情沉下去，我们可以试着向亲近的人倾诉，这样我们就可以将情感的按钮拧向正面的一侧。

治　　　愈　　　疗　　　法　　　　2

当你产生怨恨和受害意识时

这个世界上没有什么事情100%错在对方，也没有什么事情100%与我无关。当我的问题和对方的问题相撞，就会发生错误。所以要承认所有的事情都有自己的一份责任。当你受骗了，请不要完全责怪对方，因为没认出对方是骗子的人正是你自己。当你心怀怨恨或受害意识时，要先想一想自己的责任到底有多大，并且要虚心接受那部分责任。

当出现问题时，我们思考问题及面对问题的方式会直接影响到问题的解决。我们需要具备的态度应该是"没错，是我选错了，下次要尽量避免这种失误"。如果我们将所有问题都转移到对方身上，只会徒增怨恨和受害意识而已。

事情既已发生，无休止的追究只会让你留在过去。然而我们要生活在现实中，为了活在现实中，就要敞开心扉接受新事物。

如果对过去的事久存怨恨及受害意识，你的内心也就失去了容纳新事物的空间。所以，我们要积极地接受现实。

接受差异，才能产生共鸣

很多人会在咨询的过程中提到几个相同的问题。其中一个普遍的问题是，自己始终无法找到和自己期望的一样的人。什么叫和自己期望一样的人呢？当对方时时刻刻可以看透我的心思，并按照我的意愿来解决问题时，我们就会把对方看成和自己期望的一样的人。

而有些人会以二分法的思维方式看待他人。对我好的人就是好人，不听从我的叮嘱或不给予我足够关心的人就是坏人。问题在于，在这些人眼中，没有几位是好人。

仔细想想不难发现，其实有时候我们自己人生的主人公——"我"都无法让自己满意。大部分找我做心理咨询的人会说自己不喜欢眼前的自己。其实我也一样。比方说，自己心里很清楚为了健康要有规律地锻炼，而且也会经常下决心无论发生什么都要坚持锻炼。不过实际上我们只能坚持两三天，随后就不了了之了。我非常不喜欢这样的自己。当然，我身上还有很多让自己讨厌的地方。不过正因为这种现象普遍存在，所以我们才不会为此难过。

我们有时也会看不惯父母身上的一些毛病，所以有些孩子打小起就会怀疑眼前的父母不是自己的亲生父母，自己那完美的亲生父母肯定在世界的某个角落。除此之外，不太喜欢自己亲生骨肉的人也有很多。但我们何必去埋怨和自己完全不同的他人呢，所有人都不可能让你百分百中意。

和我期望一样的人根本不存在

那么，我们为什么会觉得，他人应该让我满意，不然我就会失望呢？说不定正是因为我们把自己的人生当成了一种特例，即只有我是独一无二的（其实这一点是毫无根据的）。

这样一来，我们就会希望周围的人先关心自己，先尊重自己。

他们会说："我本以为对方和我期望的一样，最后还是会让我大失所望。"当然，这句话的确没错。只要你坚信对方一定要和自己期望的一样，那么，在人际关系中受伤的肯定是你。因为这个世界上根本不可能存在这样的人。因此，人际关系的出发点应该是"没有人和我期望得一模一样，我所遇到的所有人都与我不同"。

还里有一个比较讽刺的事实：虽然我们内心非常渴望对方与我相同，却不会表露出来。其实人和人是非常相似的，所以每个人都非常讨厌似曾相识的故事。大部分人会因一句"难道我的长相是那种随处可见的平凡脸蛋吗"而深受打击。这种现象在女性身上尤为严重。如果一个女孩子认为世界上具有自己这种魅力的人只有自己一个人，大众脸谱的评价会显得相当致命。

男生不了解女生的这种心理，所以偶尔也会说错话。"我好像在哪里见过你，能一起喝杯茶吗？"我想对这些男生提个建议，可能说来繁琐，但仍希望他们加上几句——"我好像在电视上见过你。有没有人说你长得像某某艺人（尽可能选一个公认的美女）？"否则，最好不要说对方长得像某个平凡的人。

有一种叫"Pudding"的手机应用最近人气爆棚。当你用摄像头拍下自己时，应用程序会根据照片搜索长相与你最接近的名人。

众所周知，由于拍摄的角度和部位不同，照片会产生截然不同的效果。人们明明知道这一事实，但还是会因为"Pudding"告诉他长得像某个艺人而乐得屁颠屁颠。甚至很多女孩子会保存那些检索结果到处炫耀。

不过在大多数情况下，被人说自己长得像其他人时，想必大家都不会高兴。虽然对方意在赞扬，但说不定听者非常讨厌那个对象。所以，要知道"世界上不存在和我期望一样的人"，不要轻易和对方说对方长得跟某人相似。

还有一点也要格外注意。不要轻易对对方说他长得像他父亲或母亲，因为你根本不清楚对方和他父母的关系是怎样的。虽然你出于好心，但对方可能会萌生"我本想一辈子都不会活得像我父母那样，看来终究还是无法摆脱命运"此类的想法。

无论是什么原因，人这种动物是不太喜欢自己被说成长相相似于某人的，因为每个人都希望自己是一个独特的存在。人们为什么会绞尽脑汁买各种名牌？不正是为了得到别人无法得到的东西吗？

接受差异，才会产生共鸣

那么，人为什么如此希望对方符合自己的期望值呢？这要分两个方面来解释。

其一，每个人都希望他人能按照自己的观点看世界。换句话说，我的观点是正确的，他人也要理所当然地接受，这就是一种"希望对方符合我期望"的心理。我们眼中的世界因我们经历的不同而不同。也就是说，每个人都会不可避免地用自己的观点看事物。举个简单的例子，卖雨伞的希望天天下雨，卖草鞋的则希望天天晴天。每个人都会根据自己的观点、自己的经历以及自己的心理障碍来看世界，看他人。

我有过一次在演讲时非常慌张的经历。我在某个组织做过多次演讲，那个组织的代表想和我见一面。通过负责演讲的教授我们见了面。出其不意的是，他见到我的第一句话便是"您怎么这么矮呢？"同时对方的表情中流露出一丝惊讶。想必他在电视里看到过我，以为我个头不矮，不曾想电视和现实的反差竟是如此之大。

我不知道该说点什么，介绍我们认识的教授更是不知所措。有趣的是，说这句话的人个头也很矮，估计身高给他留下了心理阴影吧。

每当遇到这种情况，我们会更加讨厌那些拥有与自己一样缺陷的人。这就好比看到了另一个自己。

幸好身高并没给我带来多大心理障碍，所以我也没有因他的话而受伤。万一我不是这样的人，他肯定会给我留下负面印象。厨艺绝顶的人经常会嘲笑不会做饭的人；打扮时髦的人也经常会嘲笑不会穿着的人；喜欢购物的人同样会嘲笑不会买东西的人。就这样，人们无法接受和自己不一样的人对这个世界怀有不同的看法。所以我们最好将"为什么没有和我期望一样的人"这一思维方式改变成"正因为所有人和我的想法都不一样，才有大千世界的丰富多彩"。

在国外，组织在构建时，具有不同经验不同想法的人组成了一个个团队，因为只有这样我们才能从不同的角度看待相同的问题。当这些多重视角聚在一起时，才能找到解决问题的突破口。

第二个原因就是，每个人都希望别人可以理解自己的想法。人们在处理人际关系的过程中之所以受伤，其中一个重要的原因便是找不到时时刻刻理解自己安慰自己的人。有一部分人比较严重，他们希望对方能够理解自己，但又非常害怕事与愿违，所以会找一些机会试探对方。

有一位女性来找我咨询。她和前夫离婚几年之后又决定重归于好，但她非常害怕两个人不会有美好的未来。正因为这种不安，她对对方的一举一动都非常敏感，动不动就会大发雷霆，这样一来争吵便成了家常便饭，最终变成了"与其这样，不如不复合"。对方也会说"那好，就那样"。她苦苦倾诉，其实她渴望得到的回答是

"不行，我的心里只有你"。

我们国家讲究"礼尚往来"。当我们面对别人的攻击时，会不由自主地做一些保护自己的行为，所以不要妄想通过不好听的话让对方看透我的本意。这就像孩子们的叛逆心理，青春期的孩子们是通过叛逆来确认父母对自己的爱有多大。这好比对父母说："请你们证明对我的接受和理解有多大。"

心智越不成熟的人，就越像青春期的孩子，对别人总是产生巨大的期待值。可以说这些人还生活在幻想中吧！这个世界上没有谁可以包容你的一切，就连父母也是。所以，想要得到认可，就要做一些值得获得认可的事情。这就是人际关系的基本法则。

所以我们要知道，世界上不会有谁能够包容我的一切，更不会有谁会和你期望中的形象一模一样。只有当彼此之间的差异被承认和理解，人际关系才能够逐渐发展，逐渐成熟。

Chapter Two

跟随自己的心

真实面对自己是人生最大的难题

根据我的人生经验，大部分人不会去关心自己到底是谁，更重要的是自己要去哪里。其实，按理来说反过来才更为正常。因为只有先知道了自己是谁，自己的形象如何，才能确定将来要走的路。

《圣经》里有一段非常有趣的故事。有一个渴望成为耶稣弟子的人找到了耶稣。耶稣问他："你想要什么？"他却反问道："您在哪里？"人的本性就是这样，比起了解自己这一实体，更关注自己的方向性。

在我身上发生的大部分事情的责任都在于我自己

有一对父母因为子女的问题来找我做咨询。父亲在社会上取得了不小的成功，而且对此感到非常自豪，因为他完全是凭一己之力走到了现在这个地位，所以拥有这种态度也是再正常不过的。他说，自己一路走来所经历的痛苦只有上帝知道，所以在他面前一般程度的努力基本算不上什么。在子女的问题上也一样。在他看来，自己的儿子仅仅是一个"依靠自己老爸，整日花钱享乐的人"。当他的儿子说想放弃学业向音乐发展时，他差点儿没有疯过去。

他实在受不了这样的儿子。开始，他通过愤怒的方式表达了对这一事情的看法。当事态变得越来越严重，他的愤怒转变成语言刺激和身体暴力。最终儿子对这样的父亲关闭了心灵的大门，通过愈加深刻的反感表达了心中的愤怒。

在第一次咨询时，见到那位父亲充满愤怒的面孔，连我都有点发怵。他的心态还体现在了心理检测报告上。检测结果显示，他是一个在人际关系上极度冷淡和以自我为中心的人。

在咨询的过程中，他不断地宣泄着对儿子的愤怒，脸上写满了对他人的冷漠。他一口咬定这个世界上根本不存在什么关心，和他人的说话也仅仅关心逻辑性的问题。对他来说，重要的只有对与错。

"对与错完全取决于那件事情或那个人对我的成功有没有帮助。"他就是这样一个极度执著于成功和物质的人。一般来说，这种情况下妻子也会成为他发火的对象（和孩子一样，他认为妻子也是一个只顾花费丈夫血汗钱的人）。我问他夫妻之间的感情如何。他对这个问题果然非常恼火，反问我感情该用什么样的尺度衡量。他说，只要不是根据逻辑的问题，就没有必要谈论。

我不得不对他解释，这种态度就是一种否定自然感情的行为。当我们不愿意透露自己感情的时候，就会打起逻辑的旗号。这种举动很容易被当成对自己的保护，或者对自己行为的肯定。不过事实却是相反的。因为没有得到解决的感情原封不动地残留在内心中，而且这些感情有时会通过语言上或身体上的暴力体现出来。

　　我曾经还见到过一个因喝醉酒对子女施暴的父亲。他同样从白手起家一直走到现在的辉煌。他希望得到更大的成功，但在现实中却遇到了瓶颈。

　　他希望自己的孩子能替自己实现这个愿望。于是，他几乎将所有心思耗在了孩子身上。但孩子却说想要中途休息，出去打工，体验体验这个社会。他非常生气，但还是想方设法地去理解孩子。不过孩子的生活方式越来越令他反感。他的孩子早上不起，晚上晚归，就像干脆放弃了学业一样，几乎没有在家看书的时候。站在他的立场上，生气是理所当然的。他就这么一忍再忍，终于某一天，喝醉酒后他打了孩子。

　　那一天喝酒倒也不是因为心情不好。不过回到家中一看到孩子，他就莫名其妙地发起了火，孩子越逃，他火气便越大，最后追进了孩子房间将他一顿毒打。在他的整个咨询过程中，我能够感觉出这是一位耿直的父亲。追求完美，胸怀壮志。对于这样的人而言，怎么容忍得下一个没有目标、没有动力，整日游手好闲的孩子？

　　遇到这种情况，为了解决父母和孩子之间的矛盾就要先了解自己是什么样的人，自己的潜意识是怎样的，在人际关系中的表现又是怎样的。随后要丢弃自己的冷淡，弥补完美主义型人格。通过这些过程就会自然而然地理解孩子，接受孩子。

父亲固然非常难过，但孩子的烦恼也不少。其实，他要比父亲想象中的更有潜力。

不过因为自己没能得到父母的爱，就产生了严重的伤痛感和抑郁感。他不仅向父母掩藏了自己的感受，甚至还欺骗了自己。在咨询的时候，我才知道他的真正面目——即潜力无限，但遭受着痛苦和不安的折磨。幸好他非常渴望发挥自己的潜力，也愿意主动向父母敞开心扉。了解了真实的自己，也就知道自己该走向哪里了。

前一案例中的父亲和孩子也一样。开始父亲根本没有考虑自己的问题，先把重点放在了解决孩子的问题上。当父母出现这种情况时，大部分孩子会通过被动攻击的方式进行报复，换句话说就是完全逆着父母的意思。幸好两个人都及时认识到了自己的问题，也接受了彼此，矛盾才逐渐消失。

了解自己就是了解世界

正如前面的两个案例所示，只有人们认识到自己是谁时，才能知道自己要去的地方是哪里。不过为什么我们了解真正的自己竟是如此之难？

首先，认识真正的自己本身就不是一件易事。

很多学者将人类比喻成宇宙。这句话不假。看一看自己的内心世界，有多少想法、感情和记忆在内心翻涌。控制自己同样是一件困难的事情。所以很多学者认为，了解人类的过程即了解宇宙和自然原理的过程，相反，只要了解了宇宙和自然的原理就能了解人类。苏格拉底之所以会说"了解你自己"不也一样吗？

其次，就算了解了自己，管理和控制自己也不是一件易事。人类的本性就在于不断追求自己熟悉的事物，所以改变自己就是违背自己本性的事情，理所当然会有很大困难。然而问题在于如果我们不主动改变自己，不主动努力适应这个世界，世界总有一天会强行改变我们。人们是非常明白这个道理的。所以，人生才会不断地产生矛盾。这些矛盾会弱化直观的力量，我们最终也不知道自己到底要去哪里。这里说的直观并不是单凭感觉，而是看待事物真实面貌的能力。

这个世界上没有人希望经历一段痛苦的人生。我们每个人都希望自己的人生能够按照预定的轨道平坦地走下去。然而，我们又经常对自己的人生感到失望。每个人受到的痛苦虽有大小之分，但没有人可以避免痛苦。所以说，遭受小痛苦的人是看着那些遭受大痛苦的人找到心理安慰的。因为跟对方相比，我们经历的什么都不是。

有趣的是，如果外部不给自己造成痛苦，就会自己找痛苦给自己受。人会在追求幸福的过程中自己给自己带来不幸，真是奇怪的物种。所以，最重要的是了解自己是谁，有着怎样的形象。我们内心世界中哪一些成分给我带来了伤痛，我所具有的潜在能力都有哪些。这就是和外部世界保持敌对关系，从而发展自己的首要过程。

我们没有办法选择自己的出生，仅仅是被动地来到这个世界上的，不过余下的时光就不能再被动下去了。人生为什么如此艰难？因为我们绝对不能被动地生活。比方说，因为讨厌这个世界而把自己关在房间里，这也是自己的主动选择。不喜欢吃饭而挨饿也是主动的选择。人生就是这一个个主动选择的连续，只不过有一些是为了自己的发展做出的正确选择，有一些是给自己带来退步的选择罢了。

　　心理学上将二者称之为爱欲与死欲。爱欲就是求生的意志，具有前进的含义，而死欲刚好相反，是封锁自己的意志，渴望变成被动状态的意志。

　　然而，这些也都是自己做出的选择。人生的开始虽然和自己的意志毫无关系，但剩下的时间却要凭着自己的意志活着。

　　所以说，人生的最大课题就是"了解"。而且了解的第一个课题就是对自身的了解。因为自己是通过自己的双眼、自己的双耳和自己的想法去了解这个世界的，从而进一步通过语言和行动与世界进行沟通。从这种意义上来讲，我就是世界。

　　因此，了解世界就是了解自己，了解自己就是了解世界。了解自己之所以会带来无穷的力量，是因为自身成为了生活在这个世界上的力量，而自己同时又是这个世界。只有了解了自己，我们才能战胜命运，战胜人生。

我是什么样的人：性格的普遍类型

有一段时间，人们非常喜欢一部叫做《幻想情侣》的电视剧。女主人公罗丧失人如其名，完全是一个丧失了恐惧的角色。不管对谁她都会爆粗口，尔后引发各种冲突。剧中她瞧不起丈夫的程度接近黑色幽默，相当粗暴和傲慢。一般的男人是绝不能容忍这样的暴脾气女友的。

但罗丧失的丈夫对妻子却出奇地好。不过电视剧的最后还是为观众准备了一个戏剧性的结尾。

这个男人变成了单身，后来被另外一个女人所迷惑，碰巧她是罗丧失的翻版。明明受了那么多欺负，却还要找一个相似的人。

虽然是让人哭笑不得的场面，但相信大家还是比较能够接受的。他的性格就那样，只喜欢罗丧失那种傲慢放荡的类型，真是将"本性难移"表现得淋漓尽致啊！正因为这样，古希腊的贤者才有一句"性格就是命运"。就算不是他说的，一个人与生俱来的性格对其一生带来的巨大影响是毋庸置疑的。

心灵的地图——性格

按照精神医学的观点，性格就是连接世界和自己的通道，因为正是性格联系了外部环境和其他人之间的关系。对待同一件事情，不同性格的人会有不同的反应。比如，具有逃避性格的人会在面临问题时不由自主地表现出逃避的态度。相反，具有挑战精神的人在面临困难时会主动迎面克服。有些人性格乐观开放，有些人比较低调隐忍；有些人极度自爱，有些人却喜欢通过贬低自己获得快感；有些人过分吝啬，让周围的人都比较难堪；有些人却过度豪放，同样让人产生负担。

另外，性格不仅仅代表一个人的特性。精神医学专家卡伦·霍妮根据一个人处理人际关系的方式，将性格分成了三种类型。第一种是"走近人和世界（moving toward people）"，典型特征是依赖性比较高。第二种是"远离人和世界（moving away people）"，比如喜欢逃避。第三种是"反抗人和社会（moving against people）"。

临床方面也将性格分成了三种类型。A型和霍妮的第一种类型相似，具有依赖性的特征，一旦依赖关系不如意就会陷入抑郁。B型和霍妮的第三种类型相似，反社会、警惕、神秘、自爱等特征非常典型。C型和霍妮的第二种类型相似，逃避程度比较严重，会表现出分裂型人格（schizotypal personality）的特征，只会把自己关在自己的小世界中。

那么，性格到底是怎样形成的呢？最正确的解答便是与生俱来的素质，成长过程中受到的影响，习惯、教育以及身边的社会环境等各种因素纵横交错，最终形成的就是性格。所以我们身上会同时具有多种性格，只不过其中会有一两个占据主导，而这种性格就是我们的典型性格。如果这种性格所具有的缺点进一步严重化，就会引发问题，我们将这种现象称为"性格障碍"。

7种性格的普遍类型

性格有时会给人生带来强大的力量，有时又会成为人们致命的弱环，这些都不会受人的主观意识影响。所以，最重要的就是准确理解和接受自己的性格。

然而，我们表面上看似了解自己的性格，但事实上却并非如此，临床上的性格检测结果就很好地体现了这一点。比方说，一个人认为自己是一个开朗向上的人，但性格检测会显示出正好相反的结果。当然，也有特例。所以说，准确把握自己的性格并非易事，对别人就更难说了。

总之，具有各种各样性格的人聚在一起的地方就是社会，我们在里面为了维持稳定的人际关系而不断奋斗。所以在埋怨对方之前，要先了解和接受自己的性格特征。让我们看看美国的精神医学专家克朗·宁杰理解的普遍性格特征吧。相信这会给大家对自己性格的理解带来一定帮助。

①渴望探索新事物的性格

当面临新机会的时候，对其产生好奇心并尝试探索的能力不仅在人际关系上很重要，对领导力的发挥同样不可忽视。

当一个领导者对全新的挑战产生惧怕心理，就不可能引领手下向前进，但也不能过于冲动或放手一搏。换句话说，要清楚地认识到，过分乐观或冲动的性格所带来的到底是不是对新事物的追求和挑战这一精神。真正的好奇心在于对新经验敞开胸怀，对那些和自己想法不同的意见兼收并蓄。

具有这类性格的人大多热情而豪放，但另一方面，却容易着急、冲动，情感忽冷忽热。这些人会在经历新事物的过程中感到兴奋，不太能忍受结构化和单调化的工作。他们率性而活，易冲动，感情波动较大；讨厌被规则束缚，抗挫折能力较弱。

②追求保守和安定的性格

具有这种性格的人不会对每件事情都进行尝试，择安便好。有些情况下，这种性格会带来一定好处。不断追求新鲜事物反而难以看清那些事物带来的负面影响和缺点，过于偏向乐观主义。不过，这种性格一旦严重化，对事物的恐惧感也会越大，过分追求安全感，很难有全新地发展。这类人都较谨慎、易紧张、胆小、求稳、被动。

对于一些一般人不大在意的事情，他们也会非常担心，面露悲观。心事多，容易把自己搞累。比起一般人，他们需要更多的支持和激励，且对批判和处罚非常敏感。优点是谨慎，可以很好地应对最坏的状况。

③理解他人的感情，放开自己的性格

人际关系中最重要的一点就是产生共鸣的能力。想要得到这种能力，就需要理解对方的感情。不过这类性格一旦过度倾斜，在人际关系中就会失去适当的警戒。过分则会被对方控制，陷入感情的纠结。所以，需要及时了解自己身上到底有没有这种性格特征，并培养适当应对的能力。敏锐地察觉出他人的动机和感情，做出相应反应的能力，这在社会生活中意义重大。

属于这类性格的人心肠比较软，多愁善感，心地善良。另外也相对敏感，具有献身精神。喜欢依赖于他人，社交能力出色，喜欢与社会接触，积极与他人进行交流；同时能够体会他人的痛苦，善于表达自己的感情，所以周围很多人都喜欢这类人。

这类人的缺点是意见和情感易受他人影响，很难维持客观性。

④忍耐力强的性格

人生对于任何人来说都是一种压抑的延续。为了成长，不得不默默承受那些痛苦的过程。肌肉会支撑我们的身体，使我们健康。同样，忍耐力可以看成是精神的肌肉，会让我们承受住各种压力。然而这种能力一旦过度，就会在需要坚持自己的观点时迟疑不决，

从而错过对问题的解决。如果可以，你的性格最好明智忍耐，然而说来易，做来难。所以想要达成目标就要慢慢培养调节自我的能力，加强自身的忍耐力。

具有这类性格的人比较勤奋，工作认真，不会被挫折和疲劳所打垮，坚持奋斗。但有时候会过分强求自己做一些事情，容易变成完美主义者或工作狂。

⑤自律和独立的性格

这类人对自律性具有较高要求，自己定下目标，在努力完成的过程中寻找人生意义。他们会对自己的选择非常负责，不会把问题的责任推到他人身上。具有责任心和明确的目标，在人际关系中喜欢占领导地位。缺点是喜欢对违背自己目标或价值的命令进行反驳和挑战，容易被人看作反抗性强的人。

他们对自己的人生具有独特的肯定，不会轻易依赖别人，也不喜欢逃避，踏踏实实迈出每一个步伐，根据具体状况来调节自己。正如诗人阿尔弗雷德·坦尼森所说："他们需要的是'对自己的知识，对自己的尊敬和对自己的抑制'。"健康而自我肯定的性格会给人生带来强壮的力量。

⑥追求合作的性格

和自律性同样重要的是合作的能力。缺乏合作精神的人容易变得以自我为中心。想要作为一个集体的成员取得成功，就要在具备自律性的同时具备为集体利益而与他人并肩合作的能力。这种性格同样会给人生带来巨大的帮助。这些人心胸宽广，富有同情心，喜欢帮助别人；为人公正，道德原则明确，喜欢为人服务；尽可能和他人合作，会理解和尊重他人的想法。但这些人在独立行动上面临一定的困难。

⑦追求精神价值的性格

一位名叫亚伯拉罕·马斯洛的心理学家认为，人类的欲望是阶段性的。

最基本的欲望就是对衣食住的需求，其次是对安全的需求，第三是对爱情的需求，第四是对自我价值实现的需求，最后才是精神的需求。所以，了解一个人对哪些方面具有追求，也是判断对方性格的捷径之一。因为只要了解了对方在人生中追求着什么，并判断那些追求和目标实现的均衡程度，就可以看出对方的人品特性。

追求精神价值的人具有创造能力，没有私心，忍耐力强，也不矫揉造作。即使面临失败也会欣然接受结果，对每件事情都心怀感恩。但这类人比较容易忽视现实和物质这一方面，很容易成为他人的替罪羊。

努力而果断地走自己的路

在前文中，我们对普遍的性格特征进行了简单讲解。在前文提到的七种类型中，前四种易受天生气质的影响，后三种则完全可以通过后天发展而得到。把自己代入进去，你就会发现一些相同点和不同点。核心问题在于，所有的这些特点组合在一起，才是一个完整的自我。

有一句话颇为经典，"要想具有足够的推进力充实地生活，就要认可并合理运用自己性格的价值"。问题在于我们到底有没有足够的勇气在生活和工作上表现出自己的人格品德。

一般来说，与生俱来的性格是无法改变的。某一天的大彻大悟或许可以改变人生，这就另当别论了。但大部分情况下，对于过着平凡生活的人来说，要想性格发生变化实属不易。然而，只要自己尽量扬长补短，努力生活，这就足够了。

其中最典型的例子就是史蒂夫·乔布斯。他的传记作家毫不犹豫地将他评价为"社会化程度较低的人物"。不过另一方面，"他虽然具有复杂得让人捉摸不透的性格，却总能对事物有准确的判断。"总之，乔布斯在取得如此大成功的过程中，他的性格特征肯定起到了不小的作用。无论性格怎样，对"正确"的均衡感相当重要。

近年来，学者们喜欢把性格分为气质和性格两方面。性格是可以通过自身的努力改变的，性格改变后气质也可以改变。史蒂夫·乔布斯不就是一个成功将自己的好奇心、自律与独立良好地融合到一起的案例吗？

与自己和好

这个世界上的大部分爱情故事是围绕"误会"展开的。比方说，电视剧中的男女主人公处于热恋期，但女孩因为男孩不重视她，就会产生"误会"，从而对他产生恨意。和比自己年轻的男人结婚，这种女人会因为丈夫对初恋念念不忘而决定离婚。

现实生活中还有很多因为误会发生的事情。所以哥特曾经说过，"世界上容易让人崩溃的并不是狡诈和邪恶，而是误会和怠慢"。

我们对自身也会有各种各样的误会。其中带来最大问题的误会就是对自己极其强烈的否定。

先打破"我是这种人"的束缚

李瑞妍为人聪明、天赋过人,而且心地善良、脸蛋漂亮、幽默十足,无论和谁交流都能给对方带来快乐。不仅如此,她的艺术造诣也相当之高,无论美术还是音乐都非一般人能望其项背。所有与她初次见面的人都会对她产生好感。但见过一两次之后,人们对她的好感就会渐渐消失。

其实有充分的理由可以说明这一点,因为瑞妍身上有不少和外表不符的缺陷。最大的问题在于她认为自己是一个没有才华、没有存在感、没有能力的人。这源自于她对自己的形象原本就非常不自信。成长的过程中,她和母亲的关系不怎么好。与丈夫不和的母亲无法忍受自己的女儿和丈夫关系和睦,所以经常会对瑞妍莫名其妙地发火,甚至还会动用暴力。

那位母亲经常对瑞妍说,没有哪个孩子像你这样长得丑,性格差,又没什么才华,还和你老爸一个德行,装好人倒挺在行。

父亲非常疼爱瑞妍,但因为没有经济能力,所以在家里毫无威信。他在家只能看妻子的脸色,唯一的愿望就是平安度过每一天。但即使连这也难以实现。在这种环境下,瑞妍根本不可能对自己有个明确的了解。

正如瑞妍母亲所说,瑞妍一直认为自己是一个没有任何才华的人。当然,母亲并不是刻意这么做得。只不过是因为无能的丈夫受了太多劳苦,而且母亲天生脾气暴躁,心中的愤怒不知不觉积累起来。不过,无论母亲还是瑞妍本人都不可能正确认识到现实。能做的就只有临时回应两句。瑞妍就这样变成了一个无辜的替罪羊。

在这种环境的影响下，瑞妍只能对自己充满否定和怀疑。幸亏与生俱来的气质和才华，她才得以成长成一个聪明机灵、心地善良的人。只不过她本人并不相信这些，何止是不相信，几乎与误会无异。

当他人称赞她的时候，她会感到非常尴尬，还会认为别人是因为同情自己才那样做。所以她会表现出顽强的否定、病态的萎缩，让称赞的人反而不好意思。

每当这种时候，对方就会觉得她非常奇怪，几次之后对她的好感也就消失殆尽。不过瑞妍不可能知道这些实情，只觉得自己的人际关系处理能力太差，别人不可能喜欢她。

更糟糕的是，瑞妍每次都主动拒绝了展现自己能力的机会，在否定思维的压制下，不敢进行任何尝试便逃之夭夭。随后她就会用"我就是这样的人""像我这种人……"等情绪让自己的性格变得越来越负面。再这样下去的话，没准整个世界都排斥她。正如保罗·奥斯特所说："一旦对自己产生了反感，就很容易相信其他所有人对自己也产生了反感。"瑞妍很有可能把自己天生的才华都深埋在了深处。没有什么比这更让人痛心的了。

想要避免这种事情的发生，就要先消除对自己的误会。电影《我的希腊式婚礼》中就有这样的主人公。

图拉在一家亲戚开的饭店当服务员。她的父亲经常会说自己的女儿看着比自己还老，而且坚信女人没有必要变聪明。她自己也觉得自己又老又丑，没有任何魅力。就这样，她的内心世界异常悲凉。

有一天,一个名叫易安的男人走进了她的人生。图拉经常躲在柜台后面偷看他,随后决定让自己变得更好,并将一切付诸于实践。她去大学听课,渐渐找回了自信,不仅如此还开始化妆打扮,尽量让自己的形象美丽一些。最终她变成了一个出色的旅行导游,打破了家族传统,和非希腊人士易安步入了婚礼殿堂。

这部电影中有一句经典的台词:"被过去束缚固然可怜,但不要忘记,过去都是未来的资产。"很多人之所以对自己产生误会,其根本原因在于过去。被过去所束缚,无法活出现在的自己,这类人比你所想象的多很多。前文中的瑞妍就是一个典型案例。她是因为家庭问题才会在成长过程中留下过多的负面影响,这一点让人心酸。

开始,她因为不擅长人际关系来做咨询,但经过几次咨询,她才发现自己原来对自己有着误会。她生性聪明伶俐,因此一发现自己身上的问题就能够马上理解。

她和电影中的图拉一样,凭借与生俱来的天性,努力变成了一个充满正能量的人。

现实生活中有不少和李瑞妍相似的人,把过去经历的小小失误当成了整个人生的失败,停留原地,无法前进。不过有时我们也可以通过自身的调整,将失败的过去变成成功的基础。像某人说的一样,"无论是什么样的失败,都有可能是上帝为我的人生所做的计划以不同形式降临在了我身上"。从这种角度来看,过去的确是未来的资产。

除此之外，还有一种误会比较常见，那就是"我是这样的人，所以行为也应该这样"。从我的亲身经验来看，这种把自己困在某一种束缚中的人不在少数。

不过仔细想想就不难发现，这种束缚是自己单方面强加给自己的，很多人的性格和这种束缚完全相反。这才是对自己最大的误会。

有些人生的问题会自然得到解决

这部分人当中有很多人性格极端。

比方说，从人际关系心理检测结果中可以知道，有些人在自我支配和自我中心的方面上有着很高的分数，同时在社会抑制和冷淡的方面上也有着同样高的分数。

心里非常渴望支配对方，按照自己的意愿行事，但同时又会对自己的性情产生不安和负罪感，所以表面上体现出的是"我没什么人际关系"。

莫非这是因为现实不能按照自己的意愿发展，为了避免受到伤害就索性切断了根源？像这些自我中心倾向非常强的人一旦开始抑制自己的社会性，努力让自己显得冷淡，会产生什么样的结果呢？

结果很明显，他们肯定会陷入矛盾和挫折。这种情况一旦恶性化，甚至会出现歇斯底里和人格障碍。这样一来本人肯定很难过，连周边的人也会感到不自在，所以人际关系只可能越来越恶化。

拥有这类烦恼的人最需要的就是正确了解自己对自己的误会。只有正确理解了自己，才能减少矛盾和挫折，从而避免歇斯底里，人际关系也会得到改善。

　　我经常会把了解误会比喻成数学公式。数学的确是一门复杂的学问。不过当我们准确理解了公式，就可以游刃有余地解决应用题。同理，当我们能够消除自己对自己的误会，人生的某些问题也会迎刃而解了。

　　当然，想要实现这些，需要经历一段艰难的过程。

　　不过，更重要的是先进行一番尝试。正如某位女作家所说，没有什么比开始更美好了。而且无论什么事情，只有先开始才能看到结尾。

　　所以说，不管是什么，先开始了再说。

改变是对自己的再创造

　　人们很容易习惯熟悉的东西。一旦熟悉了，就不太喜欢改变。当然，我本人也是这样的。可能我的情况更严重一些，只要是没走过的路，死都不愿意走。所以我平时只会沿着走过的路走。所幸的是，拥有这种情况的不止我一个人。现实中有不少人不愿意选择没有走过的路。

　　在这方面，每个人的天生气质也对他们有着不同的影响。精神医学上有性格和气质两种检测。不过那些声称自己有精神问题的人经过检测后会发现，气质中两种相互矛盾的方面有着同样高的检测结果。

　　一种是对新鲜事物产生好奇心的刺激追求倾向，另一种是害怕失败和失误从而逃避新鲜事物的危险回避倾向。两种正相反的倾向，即渴望探索新鲜事物的欲望和害怕失败与冲突而刻意逃避的倾向在精神层面上产生了极大的矛盾和挫折。

有趣的是，越是年轻人，这两种倾向值就越高。恐怕这就是为什么现在的年轻人更加紧张，更容易陷入矛盾的原因吧。

这样看来，一个人如果想在人际关系或事业上取得成功，就要寻找可以同时满足这两种倾向的方法，不过这同样不是一件容易的事情。在追求新事物的过程中需要事先评估一下它可能带来的所有危险，但同时不能失去热情和挑战精神，这就是困难所在之处。

对新事物的恐惧

我的检测结果也和大多数人一样，两种倾向有着明显的矛盾。不过对于现实中的我来说，回避危险的倾向远远大于另一种倾向。所以当我面对新鲜事物时会非常谨慎。

我周边有不少人具有和我相反的倾向。他们就是所谓的走在时代前沿的人。

我有一个朋友经常对我说，探索新道路是多么多么的有趣。不过就连她也会固定在几个食堂里用餐。

那么，我们为什么会如此惧怕变化呢？

最大的原因就是对新鲜事物的恐惧。大部分人会对不熟悉的事物产生恐惧感，这与天生的气质没有任何关系。我在咨询中经常能见到一类害怕和陌生人建立关系的人。人际关系处理上存在困难的人大多属于这一范畴。我们之所以会对陌生的事物产生恐惧，是因为我们自认为自己无法应对陌生的状况。

在精神科偶尔会碰到一些在治疗快结束时中途退出的人。如果是住院的患者，就会拒绝出院。严重时，还会做出极端的选择，比如试图自杀。原因只有一个，那就是非常害怕自己将要面对的变化。

治疗结束之后，自己就不再是一个患者了。之前一直将患者身份当成所有问题的借口，这样就可以将自己的行为合理化，也可以得到周边人的理解。

而一旦治疗结束，那些合理化的解释就再说不通了。从此以后，自己就要和自己身上一切熟悉的东西果断说再见，而且要以全新的方式生活下去。对于当事人来说，这会给自己带来更大的恐惧感。他们甚至会想，与其承受这种痛苦，不如索性放弃治疗。

有这种想法的不仅仅是患者。每个人都会对熟悉的事物有一种亲密感，对陌生的事物有一种恐惧感。对熟悉事物的憧憬甚至要比鸟儿归巢的本能更加强烈。所以，人们怎么可能轻易选择没有走过的路，在没去过的饭店吃饭呢？如果不出意外，我们都会选择熟悉的地方。

我们对陌生的地方产生不安感还有另一个原因，那就是无法确定陌生地方的人们会怎样对待自己。所以我们生活中一般都会有那么几个常去的饭店、理发店、美容院等。至少，熟悉地方的人们知道我想要什么。

比如说常去的饭店，他们对我的口味了如指掌，连我喜欢吃什么小菜都一清二楚。所以对方会在我还未点菜时便主动为我点好东西，并且我还会受到打折的优待。

相反，如果去了陌生的地方，对方就不会那么热情地招待我，更别提送我一些小吃了。

每个人都应该有这样的经历。和某人去了一家餐馆，老板娘只跟我的那个常去这家店的朋友有说有笑，对我却是一副冰冷的样子，让我感到相当不自在。其实这些倒不是什么大事，但我们却很容易被这种事情伤到。

这也说明，对方会不会在意我的存在是相当重要的。

安于现状只会面临不幸的人生

不少人会通过我大学医院的同事或前辈来找我约诊疗时间。因为如果想通过正常渠道咨询，至少要提前几个月。

有时实在无法拒绝，我只能答应对方的嘱托。这样一来，对方就会让我亲自对负责医师汇报他们的情况。我清楚大学医院医生们的日程安排有多密集，所以，就算我本人有事也不会轻易打电话，这也是一种原则。不过别人非要拜托我的话，我也只能勉强打电话。

有趣的是事后人们对此的反应。他们找到的医生都没提通过何人的介绍，致使他们开始怀疑我到底有没有打电话。还有一部分人说，幸亏事先通过介绍才来拜访，不然态度怎么会那么好。

每当此时我都会静静地听他们把话说完，因为我十分了解他们嘱托我的心理。他们只不过是想通过介绍的手段让别人更在意自己的存在罢了。

不过在陌生的地方就不可能得到这种待遇了。这便是人们执著于熟悉地方的原因。不管什么样的人，执著的理由只有一个，那就是无法接受变化。

爱情的执著就很好地证明了这一点。人们为什么明明知道爱情已经远去，却仍旧执著不改？那是因为人们无法承认爱情产生了裂痕。恋人关系明明已经发生了变化，但人们却不肯接受这一变化，所以才会执著不改。

这不仅仅适用于爱情，还适用于人生的方方面面。

减肥失败的人之所以会执著着于食物，是因为他们不能接受自己要少吃东西这一变化；戒烟失败的人也是因为无法接受放弃抽烟这一变化从而会继续抽烟。同理，那些沉迷于整容手术的人也是因为无法接受自己慢慢衰老这一变化。

有些人，只有循规蹈矩地完成一天的任务后才会安下心。某位作家将这种状态称为完美主义和胆小的综合病征，但我觉得这一表达并不合适。

这类人就算约会也要提前一天安排好行程，如果不按行程进展就会非常难受。因为他们无法承受哪怕十分细微的变化。

此外还有这样一部分人，他们明明知道只要站起来就能抓住全新的机遇，但为了眼前的安逸他们宁可马齿徒增。

这些人会抱怨不休，同时还会寻找各种理由为自己辩解。不过真正的理由其实只有一个。

那是因为他们害怕需要行动的变化，所以最终只得面临不幸的人生。

当你停留时，就需要做出决断

英国作家朱利安·凡斯在自己的小说《听听我的话》中借助主人公吉莉安传达了这样一种信息，"蔬菜店老板每次都会小心翼翼地在商品上贴上商标的大写英文（比如：APPLE'S）。我们觉得这种执著的做法相当可笑，甚至可怜。不过今天我却不这么认为了。我的心中涌现出了难以形容的悲凉。我之所以伤心，是因为我写错了一个商标，又写错了另一个商标，下一个商标也是错的。"

读着这篇文章，我也陷入了同样的悲伤之中。因为文章巧妙地表现了我们共同的不幸，即当需要做出改变时却做不到改变。

当然，可能因为人类的本性，一旦心里认定便难以改变主意。无论是有意抑或无意，无论是正确抑或错误，我们害怕的，仅仅是此时此刻的变化。而当我们发现所有事情已经来不及挽回时，就会在不幸面前悲痛地绝望着。

最好在此之前让自己接受必要的变化。说得再具体一些，变化的前提是对自己的再创造过程，所以敢于舍弃自己身上已有的习惯相当重要。如果仅仅因为熟悉而无法放弃，那么选择果断放手吧。

为了做到这一点，我们可以先从小小的变化开始进行尝试。走一条没有走过的道路也好，去一家没有去过的餐馆也罢，尝试才是最重要的。说不定在前方等待我们的就是比我们想象中更加新鲜的世界。而当我们积累了足够的日常经验，就可以在面对巨大的变化时从容不迫地应对了。

希望我们能够追求这种变化，因为这毕竟是一件有趣和潇洒的事。

人生如你所言

　　一年之中，我最喜欢一月，因为让人恐慌又心动的新日子立马要出现在我面前。我也非常感激自己能够在寒冷的冬天迎来全新的一月。一想到南半球国家要在炎热的夏天迎来新年，我就头脑发蒙。虽然天气寒冷，但头脑清醒，能够在这种状态下迎来新的一年，怎能不怀感恩之心呢？

　　是非成败转头空，就让过去的日子过去吧。

　　无论你怎样悔恨抱怨，都不可能改变已经发生的事情。但我面前全新的365天却不一样，这些时间都还没有被填充。虽然我不知道自己能在其中找到什么，但希望自己尽可能从中找到钻石矿。一个著名故事曾说过，钻石就埋在自家后院，只不过有些人能够找到，而有些人一辈子都找不到。所以我渴望成为找到钻石的人。

寻找内心中钻石的方法

拉塞尔·康维尔的"钻石故事"已是启蒙文学时代的经典，直到今天演变成了好几个版本。其中，最接近原版的故事是这样的。

在波斯国的某一个小村庄住着一个极度渴望发财的农夫。人啊，只要有了主观意念，就难再回头。对他来说，主观意念就是不喜欢自己所有的农场。无论怎么努力，都无法让他满意。

越来越不喜欢自己土地的农夫终于贱价将农场卖给了别人，随后带着家人寻找能够让他成为富翁的土地。然而，想成为富翁可没那么简单。在到处奔波的过程中，家人一一失去了性命，最后只剩下了自己。陷入绝望的他只好到处流浪，没过多久也离开了这个世界。

而从他手中买下农场的另一个农夫却把那片地当成了自己的心肝宝贝。他深爱着农场的每一块土壤，每一缕清风，并和家人一起开垦那片荒地。就算眼前的东西毫不起眼，他也非常满足。他始终坚信，只要认真生活下去就一定能收获累累硕果。终于有一天，奇迹降临了。在地里干了一天活的这位农夫决定重新开垦前农场主荒废了的后院。虽然土地贫瘠，但他并没有放弃。终于，他在后院发现了钻石矿。

"不要放弃，再挖一米试试"，这是这个故事的另一版本。做一件事情时，最能让我们产生放弃的念头在何时呢？正是让我们觉得再走一点就可能看到高地的那一刻。有些人会想，走到现在已经非常疲劳，而且没准高地还在很远很远的地方，甚至有人会想没准一开始就不存在我期望的那片高地。所以，很多人会在快要见到高地的时候选择了放弃。

"不要放弃，再挖一米试试。"

某个农夫一听到挖出钻石的消息，就一股脑儿挖起自己的后院。

不过无论怎么挖他都看不到钻石的影子，只是一堆堆废石而已。他最终选择了放弃，并把地卖给了别人。不过买来这片地的人只向下挖了一米就看到了钻石。

纵观在各个领域取得成功的人，其成功无论朴素还是华丽，他们都属于没有放弃最后一米的人。如果可以的话，我也想成为那种人。当然，这需要很大的努力，所以我无法断言一定能做到。

我深深思索，如果让我在这一时刻选择一件自己能够做到的事情，最必要的事情将是什么呢？我的答案是：正确培养自己的语言习惯。希望的话、感恩的话说得越多，就越能训练自己，这也是我今年的目标。就像《无限挑战》中刘在石唱的歌一样，人生"会按照你所说的方向演变"，此时此刻我深刻体会到了这句话的深意。

众所周知，刘在石经历了长期的默默无闻才走到了现在。他在不出名时也是相当苛刻和消极，正因为这样，刘在石受到了前辈们的不少抨击。

他说，有一天他突然开始转变，决心"要对现在自己担任的角色付出一切，成为一个谦逊的人"，并做到了这一点。

就这样，刘在石不知不觉地成了最受国民欢迎的人物。他在《无限挑战》中将这些故事浓缩成了一首歌，取名为《如你所说》。很多人听完受到了不少触动。他的案例再次证明，良好的态度和言行可以为一个人的成长和成熟带来多么大的影响。

《学来的乐观主义》作者马丁·赛里格曼称："渴望成功，就需要忍耐，即永不言弃的能力。我认为忍耐的关键在于乐观的语言习惯。"我也同意他的观点。假如人生只如你所说的样子发展下去，那么尽量不要养成不良的语言习惯。

赛里格曼举了一个事例来证明语言习惯到底有多么重要。美国的某所大学为了研究成功人士的一生，追溯了他们的青少年时期。其中，一项有趣的调查就是他们的语言习惯。

比方说，通过对他们青少年时期的日记进行比较就不难发现，他们对好事的语言习惯是不稳定的。然而，对坏事的语言习惯50多年都不会改变。实际上，青少年时期总认为自己因为"没有魅力"才无法吸引男生注意的女性们，50年之后她们同样会认为因为自己"没有魅力"所以孙子不来自己家玩。

很遗憾，她们的人生的确如她们所说的那样发展了下去。

没有什么比相信自己和爱惜自己更重要

那么，要想避免陷入这种悲剧，该怎样培养良好的语言习惯呢？

方法只有一个，那就是相信自己，爱惜自己。在当今时代，自我开发类的图书多种多样，所以前面说的两句话可能听起来毫无新意。我曾经在去演讲的路上经历过一件有趣的事情。

我和前来听我演讲的一个年轻朋友坐上了同一班电梯。"演讲的内容是什么？"一个20多岁的白领问了问身边的女性朋友。当然，他们根本没有察觉到身边的我就是将要做演讲的人。另外一个女生回答了他的问题。"我不大清楚，估计也就是爱惜自己之类的吧！自我开发类演讲不都这样吗？"说完两个人就嘻嘻笑了起来。在一旁默默听他们交谈的我也只能在心里默默冷笑，幸好那天我的演讲内容中没有涉及爱惜自己一类的大白话。

我之所以要提到这个小插曲，是因为"相信自己，爱惜自己"的确相当重要，但这句话却莫名其妙地变成了一种极其陈腐和无聊的东西。

然而，从另一个角度考虑，"陈腐""无聊"的形容恰恰说明了其重要性。也许正因为这样，很多人才会将此列为演讲的主题吧。

相信自己和爱惜自己之所以那么重要，是因为我们时常会过分地被他人的话及他人的判断所左右。对此，古代一位贤者伊拉茨玛斯感叹道：

"憎恨自己的人会疼爱他人吗？和自己作斗争的人会和别人和睦相处吗？把自己当成负担的人能让别人开心吗？……大自然就像一个继母，只要人类稍微聪明一些，就会在他们的精神世界中种下对自己的不满，抒发对他人的感叹。这种倾向会使人生变得灰暗，渐渐失去所有魅力。"

伊拉茨玛斯非常准确地描述了那些无法相信自己、无法爱惜自己的人容易掉进的陷阱。

俗话说，"东西都是别人的好"。仅仅认为别人的东西好，其实也无所谓。问题在于，我们经常会觉得自己所有的东西不值得一提。在这种情况下，我们的人生就会像伊拉茨玛斯所说的那样灰暗一片，所有的魅力无影无踪。当然，我们说出的话肯定也充满了消极味道。受到这些话的影响，我们的人生愈发找不到光明，从而形成一种恶性循环。

　　我们很清楚，摆脱这种恶性循环才是通向钻石之路的关键。那么，我们为何不通过良好的态度和语言来训练自己呢？我们千万不能忘记自己曾为了养成好习惯而立下的誓言。

感情也需要自救

当我们身体不适时就会去医院就诊，没有人觉得这样做丢脸。不过一旦心理出现问题时，我们就不会这么想，这就是现实。我甚至想过要举办一个培训活动，让人们认识到心灵和身体需要得到同样的待遇。

比如说，我们只要屏住呼吸一段时间，身体就会有陷入窒息的危险。想象一下我们被关在一个密室里，我们会想尽一切方法逃出密室，获得新鲜空气。哪怕歇斯底里地大喊救命，也不会觉得有多么奇怪。只要可能，任何人都会主动跑过来救助我们。得救的一方当然也会非常感恩。

然而，内心发生问题时则大不相同。尤其是韩国的大部分男性，无论内心多么难受，哪怕是快要窒息而死也不会主动向外部寻求帮助。因为大多人认为这种想法非常丢人。这样看来，韩国男性的自杀率比女性更高也不为罕见了。

感情也需要管理

这是发生在美国"911"恐怖袭击时的一件事。美国政府组织医生为幸存者做心理治疗，因为政府担心幸存者会留下一辈子的心理创伤。不过，据说一部分韩国男性却拒绝接受心理治疗。虽然对方是医生，但他们怎么也不愿意把自己的感情展现给他人，而且无论周围的人如何劝告都不顶事。

但总有一天致命的心理创伤会通过某种方式爆发出来。可能正因如此，拒绝治疗的人看到电视上国贸中心举行的追悼会时会突然号啕大哭，甚至昏厥过去。

正因为他们无法接受自己做心理治疗，所以只能一味地强行压制着内心，长期积累的感情终于在一瞬间爆发。幸好这些人及时释放了心中的压抑，日后才可以平安地生活下去。

大部分韩国男性从小就会被父母要求抑制自己的情感。举个最简单的例子，跑步摔倒的男孩子不敢放声大哭，因为父母经常对他们说"男儿有泪不轻弹"，以后想要成为优秀的人，首先要学会忍受痛苦。打架时也一样，谁先哭谁就得服输，因为男生流泪常常被当成一种懦弱的表现。

在这种偏见中长大的男人自然会生性冷漠。不仅如此，从小家人对子女的严苛要求也使他们在成长过程中完全丧失了抵抗情绪。

所以一旦遇到重要事件时，所有问题也就会在瞬间爆发。

最近金成在好不容易摆脱了离婚危机。起因要追溯到他被公司解雇的那一天。他无法承受挫折，于是每天借酒消愁，不仅如此，他还主动把自己和家人分隔开来。妻子清楚，责任在公司一方，并不是他的过错，所以常劝他不要过分自责，还语重心长地告诉成在，既然一直在努力地工作，那么完全有停下来休息的理由。而且家里还有一定的积蓄，所以直到找到新工作之前，不会有什么经济负担。

这方面，他算是一个运气不错的人。不过他完全听不进任何劝导，因为他的脑海中只有被公司强行开除的怨言。

他只是用酒来消除心中的愤怒和挫败感。虽然平时也爱喝上几杯，但这次却完全不同。他经常会喝到烂醉如泥。不知从什么时候起，他的朋友开始回避和他喝酒。他便在家自斟自饮，喝完酒他还会闹事，弄得家人非常难受。

当他神志清醒后就会避开和家人见面。日复一日，他甚至连妻儿都不再接触。他不想让家人看到自己可悲的形象，而且，既然自己当不了合格的一家之主，在家里就是个毫无意义的存在。每当他想到这里就会把自己关进漆黑的房间，情绪异常低落。

其实妻子儿女根本没有嫌弃他，妻子反而主动站出来安慰照顾他。孩子们虽然不怎么关心父亲（充其量也就是青春期少年对父母的冷漠），但基本上都能接受现实。尽管如此，他还是非常自责，每每喝醉后就会毫无顾忌地对妻子儿女说一些难听的话。

这就是一种反作用。当然，可能是因为醉得厉害，事后他根本就记不得自己的言行。

最后妻子实在忍无可忍，于是让他在离婚与治疗中二选一。听妻子提到离婚，他这才缓过神来。不过他对咨询治疗有很大的排斥，到现在为止，他还没有对任何人讲过自己的心事。对他来说，这种行为过分地表露了自己的感情，作为一个男人是万万不可取的。不过他实在没办法拒绝妻子真切的要求，于是开始了心理咨询。

咨询过程中他才发现，原来自己把自己的内心折磨到了接近窒息的状态。被公司解雇之后，虽然异常难受，但他的内心却只有愤怒和怨恨。这种状况如果持续下去，他肯定会被那些怨恨折磨。为了摆脱这种状况，就要尽快将心中的怨恨和愤怒倾泻出来。精神科将这个过程称为"为心灵换气"。我们打扫卫生的时候会先打开窗户换换气，同理，当内心积累了大量废弃物的时候，也需要将这些东西排出去，注入新鲜的空气。

金成在的案例很好地证明了这一点。

他平时根本就没有想过自己是一个极度大男子主义的人。但在咨询的过程中，他开始意识到了这一点。他不得不承认，是自己给自己灌输了身为男人应该要怎样、不可以怎样的封闭思想。当然，这并不是他的错。他仅仅是受到了周围无数男性生活方式的影响而已。当遇到危机的时候，他没办法真实地表达自己的感情，因为在他眼里，这不是一个男人该做的事情。所以他最后选择借酒消愁，而这种状况也只会进一步恶化下去。

为心灵换气的方法

我给他讲解了感情的力量。简单地理解，感情就是内心的感受。只要活着，我们无需神经的参与就能够看到外部的世界（视觉），听到外部的声音（听觉），闻到各种气味（嗅觉），尝到各种味道（味觉），身体还能触碰到各种物体（触觉）。我们一般不会去深究这些感觉是怎样运转的。但是我们要对他们有感恩之心，因为他们就是我们活着的证据。

如果感觉不到疼痛，我们也就无法避开伤害身体的各种刺激了。

电影《痛症》中的男主人公正是这种人。小时候他因一起交通事故失去了家人，那次事故给他带来的心理创伤使他感受不到外部带来的疼痛感。他的工作就是一个通过自残（不管怎么刺激都毫无知觉）恐吓别人并以此收取利息的高利贷者。因为闻不到任何味道，所以他每天都生吃鸡蛋拌饭。总之，他虽然活着却感受不到活着的乐趣。

正如这些痛症一样，感觉这东西会在我们身体异常时迅速帮我们找出异常的原因，并提供解决方法。充当心灵感觉的感情也是一样。如果不准确了解自己的感情，就无法做出合理的应对，那么我们只会心灵受伤。另外，只有体会到自己内心的痛苦，我们才能理解别人为什么会伤心。压抑自己内心痛苦的人同样会压抑别人内心的痛苦，这类人在人际关系中必然缺乏共鸣的能力。这些人在看到有人痛苦时不会给出任何安慰，只会说"这点小事算什么"。

在我们的大脑中，启动共鸣能力细胞的是感情而不是思想。所以想要提升人际关系中的共鸣能力，就要正确地理解我们自身的感情，从而做出准确的应对。而且控制感情的第一个方法就是正确感受和包容自己的感情。

在了解了感情的作用之后，成在也明白了为什么人们在痛苦时要把内心的情感一吐为快了。他还意识到，如果自己继续像之前那样用酒精解决问题，日后没准会做出非常极端的行为。他坦白道，自己之前有过那么几次自杀的念头，如果当时真的付诸行动，真不敢想象后果会怎样。

幸好成在及时从感情窒息状态中摆脱了出来，认识到给心灵换气是多么的重要。最终他又和家人重新走到了一起，在朋友们的帮助下，他逐渐开始了新的事业。

成在很高兴现在大可不必给刚上高中的儿子讲一些所谓的男人应该做的事情。他毫不犹豫地把自己的经验告诉了儿子。同时还对儿子讲，心里难过时就及时诉苦，寻求别人的帮助，这种行为比强行压抑感情需要更大的勇气。他觉得妻子虽然难过了那么久，但经过近一年的奋斗终于得到了收获，也算是值得欣慰了。

治　　　愈　　　疗　　　法　　　3

克服心理创伤

一般来说，引起创伤后应激障碍（PTSD）的原因就是心理创伤。当战争、事故、暴行、强奸、拷问、监禁、绑架、天灾人祸等威胁生命的状况发生时，或当被公司炒鱿鱼等威胁社会生存的状况发生时，都会给我们带来心理创伤。最早的案例就是美国南北战争中幸存士兵身上出现的症状，此后被众多经历过战争和事故的人广为流传。

想要克服这类心理压力，就需要把自己的状况用自己的语言说出来。通过说出自己对事件的回忆和想法，把积攒在心中的东西一泻而出。不过我们通常会因为"不要回顾痛苦的往事"等原因拒绝这样做。这样一来，症状就会越来越深，从而久久存留在心中。通常经历过某些事件时的人会在梦境中看到相同的场景，这也是因为那些事件仍然存留在大脑中，而且这相当于内心传达给我们的信号：尽快把这些事情解决掉。所以，跟几个有相同经历的人经常见面交谈也是一种好方法。对于内心不必要的负罪感，安慰和激励非常重要。我们要让当事人知道，他所经历的事件在每个人身上都可能出现，而且遇到那些事情谁都会受到伤害，就像身体受伤会疼痛流血一样。当这种负罪感严重时需要服用安眠药、抗抑郁剂、抗不安剂等进行药物治疗，或者进行咨询治疗。

活在当下

孔子说过四十不惑，然而对姜民硕而言却并非如此。他说，自己在迈入四十岁之后精神上好像面临着更多的痛苦。

不久前他主动辞去了原来的工作，开始了一桩小生意。他认为，都这么大年纪了没有必要成天看别人的脸色，与其把命运交给公司，不如趁着年轻开辟自己的天下。不过事情可没那么顺利。无论尝试什么工作，都会碰到不少障碍，这让他越来越落寞，挫折和愤怒将他折腾得疲惫不堪。

他慢慢将心中的怨恨转嫁给了其他对象，而他选择的对象正是已经离世的母亲。

高中时曾发生过一件让他难忘的事。他的父母平时关系很差，成天吵架，突然有一天，他的母亲离家出走了，这件事带给了她沉重的打击。然而，更可怕的事情在等着他。母亲暗地里背着父亲卷走了家里所有的财产，然后与另一个男人私奔了。

父亲因为生气过度不久便离开了人世，民硕在大伯的照料下完成了自己的学业。服完兵役复学后，他开始了独立的生活。为了维持生计，他每天打各种危险的零工。因为生活窘迫，他无暇抱怨其他人。幸好大学毕业之后进入了一家大企业，并和一个不错的女人结婚成家，过起了安稳的小日子。后来，他发现自己的公司里涌现出一股名誉辞职的高潮，于是对自己的未来产生了某种不安。为了寻求突破，他开始了新的事业，但同时也遭遇了各种问题。

不知从什么时候起，他脑海中充满了对母亲的怨恨和愤怒。一想到母亲给他带来的痛苦经历内心就一片抓狂，如果当初母亲没有卷走所有的财产，那些钱说不定会对现在的自己有很大帮助，而母亲找到那个男人后，那个男人卷走了所有钱并抛弃了她，母亲也只能孤独终老。

"现在可能变成了一种病。想到过去的事情，就没办法把精力放在工作上了。问题是，我明明知道问题所在，却不能找到解决的方法。至少现在单凭自己是没办法做到的。当然，那个人（他是这么称呼他的母亲的）也应该有自己的理由，比如深深爱着别的男人等等，不过至少不能那样对待自己的儿子吧。如果稍微能为我想一想就不会那么做了。恐怕就是因为这个原因，我才会变得越来越愤怒。"

他说得非常可怜，本应该用在眼下工作上的精力全都耗费在了对过去的悔恨和憎恶上，整个人处在身心俱疲的状态。这样一来，他理所当然会对自己的未来充满不安。对他来说，首先要做的事情就是原谅母亲，从过去中摆脱出来。

幸好治愈过程已经开始了。通过咨询，他道出了自己和母亲的往事，要知道这些话他没有对任何人提起过，包括他的妻子。就这样，他逐渐挣脱了内心深处的铁链。咨询过程快要结束的时候，民硕对母亲的憎恶终于烟消云散。

我对他解释，一个人对过去的经历或对未来的不安会给自己的潜能量带来非常严重的负面影响。在心里默默地憎恨与用语言清晰地表达是两种完全不同的概念。想要让自己说出口，就要直视内心的感情，通过用语言表达这一过程，我们在看待自己的感情和经历时会变得更加客观。

无法专注于当下的心理原因

一旦无法专注于当下，我们便无法正确地发现自己的潜力和能量。借埃克哈特·托利的一句话，"我们所有的能量都集中于此时此地。存在于当下的能量爆发才能彰显当下的力量"。

现在的力量相当重要的另一个原因在于许多许多的瞬间选择组成了我们的整个人生。所以只要充实当下，就能充实整个人生，也就会理所当然地尝到成功的喜悦了。不过这种心态对谁来说都只是一种希望，专注于此时此刻并不是一件易事。因为无数的矛盾、烦恼以及不安会阻碍你对当下的专注。姜民硕的故事就是一个典型案例。

对完美主义的追求也会阻碍对现在的专注。

有些人会在开始做某件事情之前犹豫不决。这些人拥有一个共同的特征，那就是认为在开始做某件事情之前一定要具备完美的条件。所以他们会干巴巴地等着那种瞬间的降临。不过很遗憾，那种瞬间是永远不会来临的。这个世界不存在完美的人，同理，也不会存在具备完美条件的瞬间。

有句话说得好："不要等待特别的机会。抓住平凡的机会，将其转化为一种属于自己的伟大。"还有一句话说："只有上帝才完美地做事。"对于那些过度追求完美主义而无法专注当下的人来说，没有什么比这两句话更有说服力。

托尔斯泰说过，"对我们来说，真正的生活只有现在"。所以我们要把所有的精力都集中在现在这个瞬间，把自我发挥到极致。他还说道："正因为我们没办法专注于眼下，才会对过去执著，对未来不安。"

只有活在当下的人才能改变未来

弗里茨·皮尔斯是一位在精神治疗中强调"此时此地生活"的著名精神医学专家。他说，无论植物、动物还是人类，所有有生命的有机体都拥有本能的目标，那就是时时刻刻使自己的实际形象符合自己的本质。

比如说，玫瑰终究会将自身变为玫瑰，大象终究会将自身变为大象。假如玫瑰渴望成为袋鼠，而大象渴望变成小鸟，会发生什么事情呢？

恐怕它们都会因为无法实现的期待而受到矛盾的折磨，尔后郁郁而终。

实际上我们在生活中遇到的最大矛盾和痛苦都来自"渴望成为非我的存在"这一欲望。因为时时刻刻与自身不和，我们便会浪费潜力，也会患上神经症，由此整个人生被烙上"损失"的印记，还有什么比这更悲剧呢。

皮尔斯说过，人类之所以会常常陷入这种困境，是因为完全无视了当下的力量。我所拥有的只有当下，但人们常常不会把焦点放在"现在"，而是集中于过去的过去与未来的未来，自然而然就会陷入矛盾，从而被虚伪的欲望折磨。

他说："有些人仿佛仍生活在过去，而有些人仿佛已迎来未来，在这种情况下，他们是绝对无法拥有均衡性格的。"他们为已经过去的或还未来到的事情牺牲了当下的现在。

皮尔斯同样非常重视现在的力量和潜力的利用。根据他的观点，精神健康均衡的人不会否定也不会放弃自己身上的任何潜力。想要拥有健康的精神，就必须摆脱对过去的留恋和对未来的不安。如果我们过分束缚于过去，就会像姜民硕那样，不断地用过去的矛盾折磨现在的自己。

对未来产生过分不安的人同样会对自己的命运心怀不满，不断抱怨环境和他人，渴望逃避自己的人生。所以只有专注于当下的人才能避免那种束缚，真正运用自身潜力来开发现在。如果能通过对当下的专注而得到巨大力量，那么每个人都可以拥有美好的生活。

最近大脑科学家们发现，如果我们能够做出这种努力，我们的大脑结构甚至可被改变。也就是说，大脑会像塑料那样变得柔软，按照自己努力的方向发生变化。

这是多么值得庆幸的事。

Chapter Three

距离会带来健康的人际关系

每个人都希望对方先伸出手

郑玉梅因不善于与人相处而有着很大烦恼。她性格内向，容易害羞，很难主动接近别人。她只有一个能交心的朋友，那就是高中时的同桌。那个朋友原本性格豁达，刚上一年级就主动与玉梅搭话，就这样，玉梅也向她敞开了心扉，两个人很快成为了好朋友。高中三年，玉梅只有她一个朋友，性格沉默加之生来胆小，要想交到好朋友对玉梅来说谈何容易。

班里的同学，除了那个朋友以外，其他人基本上对玉梅不加理睬。最大的原因就是她没有存在感，但其实这也是她下意识的行为。因为她不想受到大众瞩目。玉梅高中时期只有一个愿望，那就是不当墙头草，像一个影子一样安分地生活，她也差不多达到了自己的目的。除了高一的同桌外，没有人可以感受到她的存在。

进入大学之后，玉梅的性格还是没有改变，像影子一样生活，这就是她唯一的目标。大学中也有几个主动接近她的朋友，其中甚至还有几个男孩子。不过玉梅立马给自己筑上了层层围墙。毕业时，她的外号居然是"铁壁女"。那段美好的象牙塔时光，她也仅仅和高中时期的那个朋友见面消遣。不过那个朋友到大学之后交到了更多的朋友，所以并没有那么多的时间去陪玉梅。

其实上高中时也一样，那个朋友具有极大的亲和力，只要自己愿意就可以和任何人交上朋友。对于玉梅来说，这是一种无法想象的能力，有时她也会眼红。不过无论如何，她都不可能得到它。

一次，玉梅问同桌，你怎么有这么大本事，可以和所有人都亲密无间，真是了不起。朋友回答道，"我喜欢和别人相处。而且当我遇到喜欢的人时，就忍不住要表达出来，不知不觉就会接近对方。我也是因为这个才和你做朋友的。你这种人啊，只要别人不主动搭话，就绝对不会先打招呼。我一眼就看出来了"。

这样看来的确不假，玉梅的朋友是主动接近她的，而且总是向她问一些问题，还敞开心扉和她讲心里话。不过玉梅却截然相反。当喜欢上某人时，玉梅非常害怕自己的心思被发现，所以尽量避免和对方相遇。甭说接近对方，就连自己到底渴不渴望那种亲密关系她都不清楚。当然，有时她也会对自己说，这次一定要鼓起勇气试一试。但真要做起来，就会不由自主地退缩了。

由于上学时成绩不错，各种经历也很丰富，玉梅毕业后找到了一家不错的公司。马上要和完全不认识的人开始新生活了，因此玉梅这次想让自己变得不一样。她想找回自信，敞开心灵的大门。然而，真正做起来却不知道该从何下手。

和玉梅不同，李景秀可以和完全不认识的人瞬间打成一片，不过却难以成为与大家分享心事的密友，顶多就停留在表面的人际关系上而已。他和别人在一起时非常活跃。平时听到有趣的事情就会先记着，等到合适的场合就会说给大家活跃一下气氛。

　　所以只要有他，聚会就会变得非常热闹。不过这仅仅是和别人在一起的时候。当两个人独处时，情况就完全不一样了。他会觉得相互之间并不很了解，犹豫不决间气氛就会瞬间冷却下来。

　　他认为，人际关系要比任何东西都快乐。所以他会经常寻找能够让同伴们开心的东西。在交谈的过程中，我发现他是一个非常执著于物质成功的人。他认为，虽然自己非常诚实，但从小成长在不怎么充裕的家庭环境中，因此也受到了不少伤害。看到那些有着善解人意的父母、过着滋润美好的生活的朋友，他就会埋怨自己的成长环境。景秀认为可以相信的只有自己，于是他对待学习尤为认真，此后考上了不错的大学，也找到了让人羡慕的工作。不过每次遇到比他富裕的人，他的挫败感又会从心中顿生。

　　为了摆脱这种状态，他找到了一种方法，就是让别人开心。每当他用一些有趣的话题逗乐周围的人时，人们就会迭声喝彩，对他充满好感。他也会从中感受到人们的认可，自己也非常开心。有时候他甚至会完全看别人的脸色行事。晚上入睡之前，他一想到白天的这种举动就会非常自愧、抑郁。而且当他陷入抑郁和不安时，没有任何人可以和他分享心事。

　　在人际关系方面，他的目标可谓非常明确，那就是成为一个受所有人认可的人，他为了这个目标时刻奋斗着，但心里却没有半点儿真心。随着时间的流逝，发现真相的人越来越多，这些人后来也不怎么喜欢接近他。最终景秀无法再和任何人维持亲密的关系了。

金敏善也有一个烦恼，就是总感觉自己不是别人喜欢的那种人。性格无趣，单调乏味，外貌也不会给人带来多大的好感，她满脑子都是这种想法。而且还有点害怕和别人对视交谈。一想到这样交谈她就会觉得非常肉麻。就这样，在不知不觉中，她养成了一种冷漠的性格。于是敏善越发觉得，没有人会喜欢她这种类型。

当然，并不是完全没有对她表达好感的人。不过从敏善的立场来看，反而无法理解那些人的举动。心里总会先产生"到底为了什么"的疑问。当然，她自己也非常渴望和别人畅谈心事，维持亲密无间的关系，不过总觉得不可能有人喜欢她这种"非好感"的类型。就算有，也不可能是正常的人。在第三方看来，没有什么比这更让人难以理解的了。

然而她心中的偏见过于固执，一般程度地打击是完全无法消除这种偏见的。

想把别人变成自己的人该怎么办

现实世界中其实有很多人和前面案例中的三个人一样，在人际关系中害怕亲密交流。如果你问他们，他们会说出各式各样的理由。不过大体来讲，这些理由可以归结为以下几类。

首先，之前没有学过怎样表达亲密感，所以难以和他人分享心事。这方面没有特定规则，无法从教科书上学习。只有在成长的过程中不断与周围的人接触，我们才能习得一些技巧。不过如果这种习得过程不自然，肯定会出现这样或那样的问题。

其次，可能天生就对这方面有所拘束。郑玉梅和金敏善都属于这一类型。像玉梅那样内向害羞或像敏善那样冷漠的人都很难让周围的人主动接近。对于她们来说，没有什么比人际关系处理更让人头痛的了。所以她们经常会在未尝试前便断言自己绝对做不到。

第三种就是对拒绝的恐惧。这是所有害怕亲密关系的人身上具有的共性。像玉梅一样如影子般生活，像景秀一样让所有人愉快并渴望得到所有人的认可，像敏善一样认为自己属于与他人无感的类型，三种人其实都在害怕着自己被别人拒绝。

害怕遭到拒绝，有可能是因为自己难以主动靠近对方，但害怕对方不会接受自己的好意才是最大原因。有趣的是，世界上没有任何人完全不存在这种恐惧感，只不过有些人会鼓起勇气克服它，而有些人则没有这种勇气。

人与人之间能否产生好感也有着很多变数。如果说其中存在着一个固定不变的规则，那就是基本上不会讨厌主动与自己接近的人。

电影《巴格达咖啡馆》很真实地描述了这种场景。有一天，一家只有火车偶尔停歇的荒凉沙漠咖啡馆里迎来了一位德国女游客。她体形肥胖，毫无魅力可言，再加上一口德国口音，咖啡馆的女主人哪里还有那么多闲工夫搭理她。本来丈夫和儿子就让她不省心，店铺又濒临破产，连小小的咖啡机都不争气地出了故障，日子真是一天比一天难熬。因此，老板娘甚至无缘无故地对这个陌生的游客产生了反感。

但那个女人一开始便主动要求打扫房间，对女主人及女主人的儿子，还有这里长期住宿的旅客都关怀备至。最终铁石心肠的老板娘也改变了自己的看法，电影以让人感动的一幕结束。

这部电影再一次使人们对人际关系的不变法则进行了一番思考。如果想和某个人维持亲密的关系，渴望和对方谈心，就要先敞开心扉接近对方，而且要做到坚持不懈。

除此之外，人际关系中还有另外一个永久不变的法则，那就是这个世界上肯定存在不管你怎么努力都不可能靠近的人。

这个世界由各式各样的人组成。其中自然会有与我们格格不入的人。村上春树的一篇短篇小说中有这么一句话：

"每个人都经历过这种事情吧！毫无理由地讨厌一个人。我以为自己不是这样的人，没想到到头来还是会无缘无故地讨厌一个人。不过问题是，对方也会和我有相同的态度。"

他说得一点都没错。如果我们觉得自己和某人不和，那么对方也会马上察觉到这一点，想要踢开我们。这种情况下最好就不要勉强了，最好的做法是和对方保持一段距离。我们大可不必将这种状况当成特例，整天苦闷于"我为什么会被他们排斥"中。

相比之下，当你发现了一个自己非常中意的人，就要努力和对方维持良好的关系。一开始肯定会非常尴尬和害怕，这其实再正常不过了。但是要知道，每个人在向他人示好时都有着同样的问题，那就是人人都希望对方先伸出手。

所以当你对某人产生好感，渴望表达善意的时候，最好能够首先想到这一点。如果能够成功靠近对方，就可以想想某位作家的一句话：

"到头来我们只是为了找到可贵的人，为了紧紧抓住他的手才会无聊地生活在这个世界上，不是吗？"

共鸣是人类的本性

有一位具有自恋人格障碍的男生，他最大的缺陷便是缺乏沟通和共鸣的能力。无论在什么场合，他都无法忍受除他之外的人受到瞩目。所以他与别人的聊天仅限于显示自己有多么突出。在他看来，任何人都比他低一等，所以人人都应该对他表达敬意。

具有这种想法的人只相信一点，那就是自己是特别的存在，不管到哪里都要得到特殊的待遇。

在人际关系中，这类人所具有的信念也一样。他们认为，如果别人看不出自己的独特，他们便是受到了无视。这类人经常使用的策略便是"彰显自己的优越性"。他们会不择手段地追求金钱、名誉、地位、美貌和特权，同时极度渴望让别人知道自己有多么了不起，渴望得到他人的认可。

这类人自然也不知道什么是关怀，什么是共鸣。他们的内心就像一面冰冷的巨型混凝土墙般纹丝不动。无论对方被这堵墙折磨成什么样他们都会无动于衷。因为他们一开始就没有考虑要不要去理解别人或替别人着想，这种人变成心理变态也是迟早的事情。

像提升体力一样提升共鸣能力

就算没这么严重，有些人也会因为天生的气质问题或因为成长中缺乏情感交流而缺乏产生共鸣的能力，幸好这种问题还可以通过训练和纠正得到解决。自己在人际关系中主要会产生哪些情感，自己有着哪些缺点和优点，其中哪些方面对共鸣能力产生了阻碍，这一系列问题都可以经过分析得以解决。

总有一天我们会发现自己看待这个世界的眼光发生了变化。这就如同视力差的人戴上眼镜便能看清整个世界一样。如果戴上了产生共鸣能力这副眼镜，我们便能够看清自己和自己、自己和他人的关系，同时也能改变自己和这个世界的关系。

美国心理学家亚隆认为，想要解决人与人之间沟通和共鸣的问题，就需要"从对方的视角进行观察"。亚隆还举了这么一个例子来解释自己的观点。

有一个女孩，小时候和父亲的关系一直不好。身为一家之主的父亲在她看来总是一副权威十足的形象。当她处在比较敏感的青春期时，两个人的冲突变得愈发激烈。虽然如此，女儿还是对自己的亲生父亲有着某种期盼。她终于到了上大学的年龄，一直梦想着和父亲和好的她决定利用这次机会。她让父亲亲自送她到远方的大学。

她希望在同行时和父亲促膝交谈，借机和解。不过她梦寐以求的旅行最终还是以失败告终。父亲在开车的过程中对堆满垃圾的小河抱怨不停，但在她眼中小溪却是清澈无比，农场的风景美不胜收。她厌烦了父亲的那种态度，最终选择了一言不发。

父亲显然也不会喜欢女儿的这种态度。两个人就这样在漠然中结束了旅程。

岁月的流逝，父亲也离开了人间。后来她偶然有机会独自踏上了那段旅程。这次她自己开车，但发现了一些让她极其惊讶的事实。那条道路两侧各有一条小溪绕过，而且他父亲见过的那条小溪果然非常脏乱、荒凉。她这才后悔当时没有通过父亲那侧的窗户看外面的风景。

她的故事很好地说明了"从对方的视角观察"的重要性。

亚隆自己也有过一次有趣的经历。他为了给一位女患者进行治疗，决定跟患者进行沟通之后，两人都把各自的感受记录下来。他希望凭借这种方式让他们两人之间达成共识，对治疗也可以起到积极的作用。不过几个月之后，他查看了自己和女患者的记录，结果发现自己和那个女患者之间就连相同的经验也记录的完全不同。

他相信患者会把重点放在自己的详细分析上，但患者记录的都是亚隆对她的打扮、外貌的评价，还有两个人在进行角色练习时，相互开玩笑的事情等，都是他完全没有放在心上的琐碎事情。自从那次经历之后，亚隆真正体会到了准确感受和理解对方的感情是一件不容易的事情。

亚隆认为，我们通常会因为共鸣产生的普遍性而忘掉这一过程的复杂性。相比之下，将自己的感情施加到对方的感情上更为容易。换句话说，虽然从对方的视角看待问题更加重要，但我们依然会选择专注于自己的视角。到头来，共鸣便只存在于那些能够通过别人的视角看待问题的人当中。这类人的日常生活合在一起就变成了杰里米·里夫金所说的同感人，即和别人产生共鸣的人。

不久前，我在两本书中读到几件趣事。一本由耶鲁大学纳扬·昌达所著，讲述了他对世界化的看法，另一本书的作者里夫金描绘了自己眼中的共鸣。无论是展开方式还是内容，两本书如出一辙。一本介绍了对世界化产生过程的考察，另一本介绍了共鸣和人类的问题。不过出人意料的是，两本书利用相似的语句表达了相似的结论。昌达在文章的末尾这样写道：

"在即将来临的世纪，我们的命运会紧紧地联系在一起。世界化并不是某个人的责任，对世界化的阻挠也是毫无意义的。我们能够做的，只有更加努力地让世界化变得更加和谐。因为我们所有人都紧密相连。

"当决定性时刻来临时，我们将会共享一个星球，所有人都会受到那唯一星球的影响，隔壁邻居的痛苦就是我们的痛苦，这些都将变成既定的事实……我们的共鸣范围会扩展到包围地球的整个人类……我们到底能否及时避免地球灭亡，达成生物圈与凡世的共鸣呢？"

两个不同领域的专家在两本不同内容的书中得到了相似的结论，即人类是紧密相连的，人类必须努力达成共识，同心协力创造未来。他们的观点得到了很多人的强烈响应。

共鸣是人类的本性

我一直在想，我们能够为人类做出的贡献不就是"此时此刻好好地生活"吗？我先和自己好好沟通，进一步扩大到和家人、邻居、同事，做到这些不就足够了吗？虽然这是个宽泛的表达，但我还是想说，是人这一个体聚在一起才组成了组织与社会，进一步构成了整个人类。

到头来，我只要能和身边的人们沟通好就已经足够了，而且我们身上具备这种能力。最近大脑科学界在我们人类的大脑中发现了作用于共鸣的镜像神经元（又名共鸣神经元。就像镜子一样模仿和复制对方的行为，还可以理解他人的意图）。

脑科学家们认为，正因为有了这种神经元，我们才能够在看到别人受伤时感受到其中的痛苦。

"对于人类来说，只要不是生长于身体内部的东西，都不会持续很久。"但我们的大脑中已经有了共鸣神经元。这就表明，我们最初就具有理解他人并真心接近他人的能力。

那么，如果这些镜像神经元不够发达，会发生什么情况呢？我们将会变得自闭，变得以自我为中心，并不断地折磨周边的人。前文中所提到的那个男人正属于这种类型。

镜像神经元非常容易受到感情的刺激。如果想要将孩子培养成感情丰富，会理解他人的人，就要让孩子从小多接触正面的感情。另外，要积极地让孩子认识到，从他人的视觉看待问题对人生是多么重要。

这样一来，同时具备创造性和共鸣能力的人就会越来越多，这个世界也就更适合我们生存了。

你的言行举止泄露你的本性

不久前我有幸和大学时期的恩师坐在一起聊天。原本是想谈论一些个人私事，孰料后来扯到了专业的领域，听完他的话，我仿佛回到了上学的时候。老师讲了一句有趣的话，让我仍记忆犹新。他说，通过对方的言谈举止就能瞬间看出他到底是否聪明。脑子笨的人话语中就会透出俗气，仿佛向四周炫耀"我就是傻里傻气"，然而他本人却不会察觉到这一事实。我平时没有特意去考虑这些事情，所以听到恩师的这句话时，顿时对此产生了巨大的兴趣。

是金子总会发光——修养的力量

礼节是一个人所具有的价值观总和。越是智慧贤明的人，价值观就越正直。比方说，如果一个人胸怀宽广，视角广阔，同时具备慎重、公正和勇敢的精神，那么就算不刻意表现自己的修养，也会自然而然地体现出自己的品位来。所以说，越是智慧贤明的人，修养就越高。

相反，平时不怎么注重修养的人一般来说心胸狭窄、傲慢，具有褊狭的思维方式。总之越是头脑简单，价值观低下，所表现出的品位就越是低劣。如果自己在一旁观察到了这种人的一举一动，只能抱怨自己的运气太差，为何非要在这个时间碰上这种人。

当然，这个世界上有各式各样的人，并没有什么事情是不可能的。明明知道这一点，我们却还会在遇到无礼的人或经历无语的事时异常气愤。所以说，生活中重要的便是修养。

下面介绍一件我朋友亲身经历过的事情。一次，在和社会朋友聚会时，发生了一场小小的骚动。因为只有六七个人，所以他应邀参加了那次聚会。除了平时经常聚的朋友之外，又来了一位某企业的代表。不过那位代表简直目中无人。

在场的人中，无论是人品还是社会地位，没有一个在他之下。不过他却完全不在意周围的气氛，只顾夸夸其谈，不懂装懂。更过分的是，这位代表最后还调戏了饭店的服务员，让在座的人们颜面无存。后来我的朋友才知道，这位代表最近通过一个项目大获成功，挣了不少钱。想必正是这才让他变成了那么傲慢无礼的人。

幸好最后有人站出来主动和服务员道了歉，平息了事端。我的朋友叹息道，那一次经历真让他心寒，并问我现在有没有专门提高做人修养的学校。我想起了恩师的话，安慰朋友说，"那是因为他脑子不好使，就算在修养学校进行了学习，过后也会马上忘得一干二净。"

无论是多么无坚不摧的铁环，其强度也会受到最薄弱一环的限制。也就是说，我们要努力克服自己的致命要害和短板。

每个人都会有缺陷。不过聪明人会努力弥补自己的缺陷。至少，出于礼节，他们不会在他人面前把自己的负面形象表现出来。前文中讲的那位企业代表，其低劣的修养就是最弱的一环。无论挣多少钱，获得多大的成功，只要不讲修养，就不可能得到相应的认可。

相反，有些人具备良好的修养，因此经常受到周围人的尊重。仔细观察就可以发现他们身上有一个共同的特征，那就是他们的正面态度都是发自内心的，他们不会通过金钱或社会地位来判断对方。他们对身边人给予同等的尊重，无论是饭店服务员还是出租车司机，抑或是企业高层人士。这种态度才是真正意义上的修养。

《孟子》中提到，恭者不侮人。狭隘和傲慢非君子所为。换句话说，要想成为一个有品位的人，就要先具备较高的修养。

巴尔塔萨·葛拉西安也说过类似的话："坏修养会使所有的事物变得拙劣，甚至包括正义和理性。然而良好的修养会弥补所有不足……只要注意言行举止，就可以从任何困境中全身而退。"

我认为，只有正确树立自己的价值观，在价值观指导下鼓起勇气生活，才是葛拉西安所说的良好修养的基础。

你是"蓝队"吗

作家保罗·奥斯特在自己的书中将那些具有修养的人称作"蓝队"。出色的幽默感，享受人生的坎坷，能够准确读出言外之意，谦逊、慎重，对他人亲切，胸怀宽广，只要满足了这些，每个人都有资格成为蓝队。

我们周围也有不少人有足够的资格进入蓝队。一看到这些人，我的心情也会随之变得愉快。我自己也会暗下决心，要变成像对方那样的人。我们会经常因某些人没修养而感到愤怒。每当遇到这些人时，我会对自己说，以后千万不能成为这种人。

在一次聚会中，一家企业的管理人员觉得别人都讨厌他，于是找我做心理咨询。他说自己已经对别人尽心尽力了，知道容忍同事的小失误，还会经常请他们吃饭，带他们去各种好地方玩乐。

"别的不说，老板气质我还是有一点的。现实中也如此，我对那些追随我的人非常亲切。不过这些人虽然在我面前唯命是从，但在我背后便会随心所欲。我听说还有一些人背地里说我坏话。这让我该多伤心啊！"

从他的话中我能感觉到他的冤枉。其实他说的那些事还真的挺冤。

他抱怨道，在家里也得不到一家之主应有的待遇。同样做到了自己能够做的所有事情，但妻子和孩子们都不怎么在乎他。他可是又挣钱，又买好吃的，又买各种生活必需品，真不知道问题到底出在哪里。

我偶然在聚会中遇到他，因此对问题的原因也略知一二。一句话概括，他是一个非常粗鲁的人。尤其对那些社会地位不如自己或家境贫困没文化的人，他总会表现出一脸的蔑视。

因为饭店服务员惹他生气，他便对服务员大发脾气，弄得一同在场的人非常难堪，这已不是一次两次。还有一次，仅仅因为没有把他喜欢的位置留给他，这家伙生生把女服务员骂哭了。

所以他在公司里到底有什么样的表现是不言而喻的。自己虽然坚信自己有老板气质，人际关系处理能力也不错，但其他人可不会那么想。他还说自己没有得到一家之主应有的待遇，恐怕他在家里也会做不少让家人无法接受的事情吧。不过他却十分自信地认为自己做的事情都是正确的。这种歪曲的思维方式正是让周围人苦不堪言的罪魁祸首。

既然这样，没有人愿意和他保持亲密关系也是理所当然。人们仅仅在聚会中和他说笑一番，奉承一下而已，并不会真心想和他变成亲密的朋友。因为每个人都很清楚，一旦和他走近，就不知道自己会遇上什么倒霉事。

我其实也和大部分人有着相同的感受，所以当时只好郑重地说了一句"我不在聚会上看病，想做心理咨询就请来我诊所吧"。我本以为，既然帮他分析了那么多问题，他应该对我心怀感激。然而他却用一副可憎的嘴脸坐到了别的位置上，那表情仿佛在对我说，你已经没有利用价值了。果然是一个没有修养的人啊！

借葛拉西安的一句话，他正在用负面的修养让自己变得越来越拙劣，而唯有他自己还不知道这一事实。

如果他能够及时悔改，努力改变言行举止，很多情况会有所好转。

这样一来，我们就能够具备足以摆脱任何困难状况的聪慧，所有人也会因他良好的修养向他表示尊敬。要想做到这一点，就要先认识到自己需要做出改变。当然，我们不知道他有没有可能产生这种认识。

我个人并不觉得葛拉西安所指的良好修养是样特别的东西。树立正确的价值观，在这种价值观的指导下勇敢地生活，这就是修养的基础。

埃莉诺·罗斯福留下过这样一段话：

"就算是没有特殊才能的人，也能够发现充实的生活方式……我只有三种财产：对任何事物都感兴趣，把所有的挑战当成学习的机会，内心具有强烈的热情和自律。"

我认为，她所说的三点和保罗·奥斯特所提的蓝队条件并没有什么差别。

我们之中，应该没有谁可以无愧于心地说自己完全具有进入蓝队的资格。因为世界上并没有完美的人。

但我们可以把缺点当成自己性格的另一面，努力地去战胜它。具有这种勇气，就有足够的资格进入蓝队了。

没有人希望把别人置于自己的前端

我们在处理人际关系的时候往往会产生一种错觉，那就是觉得自己一定要像对方一样聪明。为了得到对方的信赖，拉进相互之间的关系，就必须做到这一点。然而事实并非如此。

事实往往是这样的。我们通常会喜欢那些能够使我们开心的人，而且对方让我感到自己是一个聪明的人，所以和这种人在一起的时候我们会比较开心。就是说，想要在人际关系中得到正面的评价，最好让对方觉得我是个比他不聪明的人。

这一道理对我们整个人生都具有适用性。不过这种想法最能体现效果的时候还是在谈判会议桌上。参加重要谈判时，没有人希望对方是个比自己更有能力、更聪明的人。如果说，谈判的所有人中一定要选个聪明人，那这个人最好是我自己。只有这样，我们才能使谈判过程按照自己期望的方式发展。

《权力的法则》的作者罗伯特·格林认为，我们应尽量让自己变得比对方愚笨。

"认为自己非常聪明的想法是虚荣心在作祟，考虑到这一点，我们就能知道让对方出丑的行为多么具有侮辱性了。这会变成无法原谅的罪行。我们可以利用这一点布下出色的欺瞒战术，让对方觉得自己比任何人聪明。甚至我们可以稍微装装傻，这样一来，对方就会认为自己非常优越，从而放松警惕……当人们确定对方比自己笨时，就不会担心对方有任何意图了。"

当然，我们不一定非要刻意制造什么欺瞒战术。不过当我们显得比对方更聪明时，我们基本上是得不到什么益处的。

自我开发书籍中有一句说得好，"没有人希望把别人置于自己的前端"。

假聪明人的错觉

有一个男生，乍一看是那种嘴下不留情的人，实际上他是一个有着正式工作的知识分子。他的穿着打扮毫不亚于艺人。只要他一张嘴，就会显示出他的博学多识，在他的雄辩下，没有几个人不会自愧不如。他甚至还有几个追随者，想必应是被他的出色口才和华丽外表所折服的人。他的人际网络非常之广，其中还有不少知名人士。当然，我们不知道那些人到底和他熟不熟悉。

总之，他非常喜欢炫耀自己的人脉，在各种场合抛头露面。每次聚会，他都要显摆自己的口才，一有机会就要让大家知道自己有多么博学。人们常常会被他所说的话逗乐，有时也假装赞同他的观点，还有人会对他竖起大拇指说"你是最棒的"。每当这种时候，他的大脑就会充满多巴胺（多巴胺是一种脑细胞传达物质，当人们听到肯定的反馈时，体内就会分泌多巴胺，增加执行力）。他觉得人们看到了自己的聪明，同时自己给他人留下了深刻的印象，所以非常自豪。正因为这样，他才会经常东奔西跑，不知疲倦。

不过他身上也有一两个问题。其中之一就是回到家里得不到一家之主应有的待遇。不用说妻子，现在连两个孩子都不怎么喜欢搭理他。他回到家中常常会感到失落。但仔细想想，却觉得自己在做丈夫和父亲方面已够称职。

他从来没有让妻子有过经济方面的困难。虽然有过几次小小的外遇，但都不算很严重，充其量只能算擦身而过。他觉得妻子可以理解自己这样做（他其实不知道，这个世界上没有哪个女人会理解那种事情的）。他还认为，像妻子那种什么都不懂的女人要想和他这样聪明有才的男人一起生活，理所当然就要有那种觉悟。当然，他也会时常向妻子提到这些。

孩子们也一样。只要有时间（虽然他太忙了，基本上不会有什么时间），他就会和孩子们交流，可谓是一个慈祥的父亲。他希望孩子们能明白自己有个多么有能力的父亲，孩子们想要超越父亲就要加倍努力学习。所以一有机会，他就会向孩子们灌输这些东西。

不过妻子和孩子们根本没有对他产生任何敬意，反而开始渐渐疏远他，这让他无比失落和生气。

他身上还有一个问题就是没办法在自己所处的领域中得到所期望的认可。他工作非常认真，也收获颇丰。他非常希望人们可以知道这些。所以一有机会，他就会向人们显示像他这种有能力的人一旦认真起来会收获巨大的成功。不过很奇怪，不管是前辈还是同事，都没有对他表示认可和信赖。这一切难免让他感到挫败。

最终他只能下一种结论，即人们无法正确评价他能力的原因只有一个，那就是所有人都嫉妒他的聪明。在他看来，前辈和同事中没有谁可以像他那样在聚会上凭借出色的口才吸引人们的目光，所以人们才会产生嫉妒心。

他有时会感到孤独，这种孤独令他难以忍受。因为孩子们无法看到他的慈祥，因为妻子在他几次小小的外遇后便对他冷眼相待，因为人们嫉妒羡慕他的鹤立鸡群。

不过他和我相遇并不是因为他无法承受自己的孤独。一开始他给我打来电话是因为妻子的抑郁症。我当时好像也是他广泛人脉的一部分。他觉得，既然和我有了一定关系，我就理所应当应为他做心理咨询。

不过这是绝对不可能的，我仅仅给他定好了预约的时间。而且，到目前为止咨询过程都是他一个人在滔滔不绝。

他说他实在无法接受妻子患上抑郁症这一沉重打击。据他按常理推断，自己的妻子肯定患上了抑郁症，但他却认为她根本没有理由抑郁。自己虽然有过几次轻度外遇，但那肯定不能成为理由。因为孩子考试成绩不理想，没能考进期望中的名牌大学，所以他对妻子发过几次火，埋怨她没有好好看管孩子。他认定那些都是妻子的过错，妻子根本没必要感到冤屈。我听完后心想，按他这么说来，妻子不得抑郁症才怪。

我劝他把妻子的事情放一边，自己先做做心理咨询。一听到这句话他十分不赞成，但我讲出道理之后他便答应了。经过几次咨询，他渐渐发现了自己问题的根源。正如他所说，他是一个大脑清晰的人，所以很快就掌握了核心信息。

他身上的一大问题便是缺乏对人性的理解，过于强调自我。对于家人，他也毫无理由地保持着那份虚荣心。家人可以将他的真面目看得一清二楚，所以可想而知，他的行为举止是相当具有讽刺意义的。

同事们也一样。因为距离太近，大家很容易就能知道他是一个什么样的人，他们只好对他敬而远之。

咨询快结束的时候，他才真诚地向孩子们和妻子道了歉。他向妻子承认说自己将外遇看得太轻的确是不对的，他还承诺会不断为自己的行为做出补偿，直到妻子再次敞开心扉。

而对于同事和前辈，他则没有道歉。慢慢改变自己的形象才是更重要的。此后，他逐渐减少了聚会次数，也不再像过去那样侃侃而谈。

他的变化非常惊人。现在他依旧非常聪明，但不再过多地表现自己。

让关系走向圆滑的小细节

通过研究莎士比亚而写出许多优秀书籍的美国心理学家乔

治·温伯格认为，人们都喜欢那类使自己开心的"福斯塔夫"类型的人。福斯塔夫是莎士比亚戏剧中的人物，他给剧情带来了不少生机，他喜欢撒谎，虚伪无比，脑子好像也有点问题，是一个十足的搞笑人物。虽然如此，但他往往能给人们带来快乐，而人们在看到他时常常会感到自己远远优越于对方。

我们经常能在美国的一些电视节目中看到暴露私生活的内容，有很多让人非常窘迫。比方说，在《杰瑞·斯普林格秀》中经常会有一些不堪入目的内容。虽然是纪实节目，但有些场景却有点过分，比如一个男人看着两个女人相互厮打等等。然而这个节目却在美国有着超高人气，这是因为当人们看这些节目时会产生"至少我可不会做出那种举动来"的想法。

福斯塔夫在剧中的作用也很相似。当然，他的程度没那么夸张。他有这么一句台词："本质上我是一个有才华的人，而且是使他人具备才华的原动力。"他本人虽然非常卓越，但他把这份卓越用在了彰显别人身上，所以他才成为了一个魅力十足的人物。

当然，人类的虚荣心是不能够容许这种行为的，我们每个人都很清楚。我们可以考虑一下，如果想让对方觉得他自己更加出众聪明，只要调整一方的形象就可以了。

这样一来，我不会因自己的拙劣而感到冤屈，对方也会看上去比我更优秀，真不失为一个好方法。

爱管闲事也要有个度

有一次，我乘火车去地方城市办事。那座城市的火车站非常壮观，让人赞叹不已。不过真正吸引我眼球的却是一只小鸽子。鸽子小心翼翼地避开人们，在大厅里到处彷徨。看样子是不小心飞了进来，又找不到出口。我当时心想这只鸽子心里该多么混乱和害怕啊！虽然我的时间也很紧迫，但真的很想帮它一把。我看了看周围，怎么都没想到帮小鸽子的办法。

我甚至想过直接把它赶到外面去。不过那么做的话肯定会让小鸽子更加发慌。当然，真做起来也不可能像我说得那么顺利。

我开始寻找无法帮助鸽子的借口。首先，我没有那么多时间停留在大厅里。而且就算不是我，也会有人发现它向它伸出援手。这么一想，我就有足够的理由离开那里了。

虽然心里还未安顿，但我还是把小鸽子留在那里先行离开了。

我还对当天赴约的人（生活在那座城市里）提到了那只小鸽子。他听完大笑起来，说我瞎操心。原来那只鸽子已经是火车站的名鸟了。它之所以会在大厅里徘徊，是为了吃行人们路过掉落的食物残渣。外地人不可能知道这件事情，也就是说，我白白操了心。

关心和管闲事的微妙差异

听完他的话，我也莫名其妙地笑了起来。因为我这个人平时就爱管闲事，这次也不例外。喜欢参与一些完全没有必要的事情，这种性格在心理学上叫做"过度关心型"，而我完全属于这一类。我会对很多事情瞎操心，但的确这也给我带来了不少烦恼。

不过我总是改不了这种习惯，这也是我与生俱来的气质。像我这种人，应该时时刻刻对自己说"我完全没有必要站出来"。

每个人都会有恻隐之心，我的程度只不过稍微重一点罢了，并没有什么问题。而且像我这种人其实不在少数，我也稍感慰藉。

不知道从哪里听说有一位在建筑物下停车场工作的老爷爷。那位老爷爷衣衫褴褛，有时连袜子都不穿，只会埋头工作。看着这种情形，每个人都会产生恻隐之心。A先生在那幢大楼工作，平时经常会留意老爷爷的举动。他对老爷爷有着很强的同情心。A先生经常给他送小礼物，不过老爷爷总说那些东西对自己一点用也没有，坚决不接受。后来A先生才知道，原来老爷爷说得一点儿没错，他真不需要那些东西。因为老爷爷就是那幢大楼的主人。平时无聊，才会不时管管停车场。知道真相的A先生体会到自己根本不应该管闲事。每当遇到这种情况，人们就会说"管好自己就行了"。

当然，不管是小鸽子的插曲还是老爷爷的故事，我们都可以一笑而过。

而且大部分情况下，爱操心的人本意都仅仅是为了帮助他人。问题是，有时候关心的程度会有点过分。世界上的所有事情都需要均衡和协调，同理，渴望帮助别人的心态也需要均衡和协调。

有些人过分帮助他人也是因为自己没办法相信他人。"没有我的话，你能够处理这个问题吗？"这种过分怀疑的态度完全在于无法包容他人或控制欲过于强烈。更大的问题是，通常控制欲会和攻击性相连。在前文中提到的统治支配倾向和自我中心倾向较强的人通常会以自己的方式帮助别人，后又因对方无感恩之心而埋怨对方。这种类型的人对他人的事情过分关心，他们常常会把这方面的素质发挥在散播传闻上。对他们来说，闲话就是一种精神食粮。只要咬住，就绝不松口。一旦没有了任何的营养价值，他们就会把它扔到一边，重新寻找新的食物。

当然，我们每个人都非常好奇别人的私生活，有时还会通过嚼别人坏话或传闻产生某种快感。除了道德君子和圣人之外，几乎谁都无法摆脱这种快感的诱惑。

这个世界上的所有诱惑都有一个特点，那就是一定要停留在某种程度上。一般人不会无故说些伤人的闲话，只有实在无法克制自己的人才有可能发展成心术不正而狡诈的人。人们通常都不喜欢参与到散播传闻的行列之中，因为大家都很清楚负面传闻或坏话会给当事人带来多大的伤害。

相反，将自己的快乐建立在他人痛苦之上的人都有一个共同特点，那就是表面上都很有气势，但内心深处却充满了恐惧与不安，满满的自卑感。背地里说人坏话是发泄这些情绪的最好方法之一。

弗洛伊德将语言上的攻击性称为"口欲期攻击性（Oral aggression）"。我们身上也具有这种攻击性，婴儿们在吸奶时会狠狠咬住母亲的乳头，长大之后就会表现为对他人的谴责和批判。所以当别人说你坏话的时候，你可以将其理解为"对方的口欲期攻击性发作了"。

不受世人评判影响的方法

我们之所以会因别人的话受到伤害，是因为我们通常会把对方的话看得过于客观。

这种想法最好趁早消除。前文中曾提到，无论对方的评价如何，只要他们善待我们，我们就会把对方当成好人，相反我们会把对方看成坏人。这种想法也算是人的普遍心理。

有位朋友认为，我们一定要遵守人际关系中的礼节，但绝对不能拜托别人或接受别人的不必要的请求。一次，当他陷入困境时，突然身边的很多人背地里说起了他的坏话。后来他才知道，他们这么做的理由只有一个，就是因为之前他从没接受他们的请求，这些人才会怀恨在心。他受到了不小的打击，对此完全无法理解。

所以说，当别人说其他人的坏话，我们完全可以简单理解为"原来这两个人之间有过什么矛盾"。当别人说我的坏话时也一样。一只耳朵进，一只耳朵出就是了。当然，当听到一些不利于自己的传闻时，我们也难以做到忍气吞声。

加西亚·马尔克斯的《霍乱时期的爱情》中有一句有趣的台词："当那座城市刚刚安装电话时，看似关系很好的多对夫妻因为匿名告状，婚姻面临了破裂。"看来那座城市也有不少喜欢管别人闲事的人。

不过我们现在所处的不是电话时代，而是互联网时代。

网络空间充满了各种信息，包括形形色色的流言蜚语。流言蜚语这种东西经常会无限膨胀，最后搞得当事人精神崩溃。

克尔凯郭尔说过，"个人具有良心，集体却没有。"

这就是群众心理。我们所处的这个互联网世界很好地反映了这一点。

实际上因虚假信息而受害的人不计其数。"人肉"一词，讲的就是有人闹出了负面信息，网络大军就会想尽方法搜出他的底细，公之于众。庞大的信息扩散到整个国家也花不了几个时日。因为很多人都在通过社交网络分享各种信息。

总之，现在这个世界已经不会让你隐藏自己了。我们要明白，无论自己做了什么，整个世界都会了解得一清二楚。这就好比我们生活在一个透明的玻璃缸内。不仅是我，所有人都面临着这样的现状。不知道年轻一代作何感想，但毫无疑问的是，老一辈们是不大适应这种变化的，但也无法表达自己的这种想法。因为这样自己很容易被视为落伍的人。

现实情况就是这样。所以，对于一些重要的事情我们一定要有自己的价值观。如何应对所出现的情况，我们一定要具备自己的标准。

出于恻隐之心的管闲事常常会带来正面的效果。相反，对流言蜚语的过度关心只可能带来负面效果。要想在这方面具有属于自己的处事原则，其实不难。有些必须要自己出面的事，我们就要勇敢地站出来，如果没有，我们就不必为此操心，这才是最为明智的处事方法。

智慧的人会先征求他人的意见

"我只不过在工作人员们摆好的饭桌上多放了一双筷子而已……"

这是黄正民在电影节上说过的话,他也因这句台词而瞬间走红。当时他凭借电影《你是我的命运》得到了最佳男主角,在获奖感言中,他说了这么一句话。电影是导演和工作人员共同创造的产物。黄正民心里非常明白。所以,他在颁奖典礼上将自己的成功归功于所有工作人员。

不过不是任何人都能这么想。作为一部作品的主人公,要做到这一点更是难上加难。因为在大多数情况下,人们会对他竖起拇指,赞扬"你是最棒的"。导演也一样。我个人比较倾向于把一部电影看作属于导演的作品。因为引领整个电影拍摄过程的人是导演,最终对作品负责的人也是导演。所以说,导演所承受的压力是任何人都无法想象的。于是我也能够理解，大多数导演在拍摄现场表现出的火爆脾气。不过能够发挥真正领袖作用的导演是不一样的。

电影《花火》《小奏鸣曲》等诸多优秀作品的创造者北野武是日本喜剧电影第一人，也是全球知名的电影导演。人们对他的电影有着浓厚的兴趣，特别是他作为导演在电影拍摄现场中怎样发挥领袖气质也是一件令人好奇的事情。无论是外表还是个人魅力，抑或是电影主题，大多数人会认为他在拍摄现场中就是一个脾气巨大的老头儿。一些欧洲人看了他以山口组为题材的电影，还真以为现实中的他就是一个地地道道的日式黑手党头领。

不过现实却完全相反。如果读一读他通过思考整理而写出的《思考笔记》，就不难发现，他在拍摄电影的过程中经常会寻求手下工作人员的意见。让我们听一段有趣的话：

虽然电影的所有内容由导演思考组织，但添加影像和声音的都是其他工作人员。这就相当于棒球教练和运动员之间的关系。能够给手下注入多大的动力也是导演的一种实力。和棒球一样，每个导演激励员工的方式各有差异。就算是一些心里非常清楚的事情，导演也会问上一句"这个场景要怎么拍了"，因为手下的工作人员都是专业人士，绝对不会一问摇头三不知。每个人都会说出自己的建议，同时寻找可行的方法。多亏这些，电影才得以变得更加丰富有趣。他相信，拍一部好电影的最佳方法就是最大限度地挖掘工作人员的能力。

在这方面，给他带来人生指导的人是黑泽明。当北野武遇到这位大导演时，主动告诉他他觉得黑泽明导演的哪些电影的哪些场景比较好。而黑泽明导演却摇了摇头，说那些场景都是其他导演所拍摄的，"不过《天堂和地狱》中社长和职员儿子互换身份的创意真的非常妙，"听到北野武这句话，黑泽明哈哈笑道，"那是助理导演的主意。"北野武说，在整个谈话的过程中，自己一直紧握一把汗。

黑泽明是一位知道怎样最大限度地挖掘员工潜力，同时以此为豪的导演。想必正因为有了这种天赋和领导能力，黑泽明才得以成为世界一流的大导演。

能够打动众人心灵的领袖需要具备的条件

我认为，一个领袖想要具备出色的领导能力，就应该相信自己的命运。换句话说，就是要能够承受作为领袖的命运。只要具有这种强大的领导能力，就可以自然地挖掘出部下的潜在能力。像北野武和黑泽明一样，无论有什么事情都先和手下商量，激发他们的创意，从而提高整个团队的生产力。

张东民在成为经理之后想不出让部下好好干活的主意，于是来找我做心理咨询。他为人诚实，性格内向，平时也不怎么爱说话。但他会默默地完成自己所承担的任务。也许正是这种品格才让上级早早注意到了他，也正因如此他才平步青云当上了项目经理。当上经理固然是好事，但他却陷入了重重烦恼。因为他总觉得自己不具有领导能力。

"如果单考虑性格的话，自己更适合在别人手下工作，上级让干什么就干什么。自己没有特别的人格魅力，也没有领导他人的能力。当然，我自己的任务我还是会用心完成的。不过这和领导能力基本上没什么关系吧！"

他还说自己也不喜欢让别人做这做那。他的性格更适合听从别人，当上经理后有时需要强有力地执行一件事情，他做不到这一点。部下中也有人对他的升职不满。这些人经常会固执己见，不愿意受他的指示，所以他现在特别头痛。

相反，曹再恒是那种脾气特别火爆的人，也因此遇到了不少问题。他也同样在升到经理之后感受到了各方面的压力。他和张东民恰好相反，从外貌就流露出十足的人格魅力。他的性格非常外向，作为经理，在领导能力方面自信满满。他也相信自己天生就具有老板的气质。不过在部下眼里，他是一个话唠，还是一个独善其身的人，经常不愿倾听别人的意见。

两个人作为领袖都存在一些问题。张东民因缺乏自信才会面临各种问题。虽然当上了经理，但因为没能找到自信，总是被部下议论。在这种情况下，找回自信当然也就异常重要。性格内向，没有人格魅力，不适合领导和指示别人……这些想法都要尽快摆脱。他有着为人诚实，善于倾听等优点，只要发挥这些优势，彰显温和的领导能力，就会得到很好的效果。

如果能够通过这种过程找回自信，就肯定能成为一个优秀的领袖。

相反，曹再恒则需要练习倾听。这类人一开始会彰显出十足的人格魅力，单凭这一点就能发挥良好的领导能力。然而，时间会证明，他的弱点让厌恶他的部下越来越多。所以他要主动花费精力去了解部下的潜力，努力将它们发掘出来。

"人们往往会对自己所属的团队产生感情。"这句话表明，如果人们能够在自己的团队找到活力和潜力，最终会为这个团队付出自己的一切。倾听部下们的意见，帮助他们实现各自的想法，这等于在帮助我们自己，同时在帮助整个团队。

适当地妥协是人际关系健康的良药

人们往往具有双重性格。有时觉得自己不怎么样，有时又认为自己是一个正直善良的人，有时还会和现实妥协。不过每个人都会这么想："再怎么说，我终究还是一个善良的人。虽然偶尔会耍小脾气，没什么耐性，不过从本质上讲我还是一个好人。当然有时可能会说说谎，装装假，不过世界上哪有人没做过这种事情呢。所以说，我这种程度还算是正常的。"

美国做过相关实验，他们以"如果能够去天国，谁会最先去"为题做了公众调查。结果，特蕾莎修女排第三位，奥夫拉·温弗里排第二，而排在第一的当然是"我自己"。参与调查的人当中，有87%的人是这样回答的：原因很简单，因为"我最善良"。

人心就是这样的。如果连这种程度的自信都没有，又怎么在这个险峻的世界里生活下去呢。

"正因为那样，我才是正确的"带来的陷阱

金永珍基本上没有逃过课。他说，自己从小学到大学毕业一直是个典型的"模范生"。他不仅遵守家里和学校定下的规矩，学习成绩也好，而且一直保持到现在。就这样，过了四十也依旧固守着"正直人"的形象。

他有着极强的自我肯定，周边的人也会对他的固执原理、原则主义给予很高的评价。如果他出生得再早一些，没准就会获得"直肠子"的称号。然而现实中，他却经常被人叫做"崩克"。

"直肠子"和"崩克"，这两个词根本不能相提并论。然而，永珍的问题就在这里。

从古至今，"直肠子"是用来形容那些只要违背了自己的价值观就绝对不会妥协的人。至少古代真正的君子或书生都具备"直肠子"的品格，只有这样才能得到上级和下属的信赖。当然，如果我们在现代生活中遇到这样的人，也会表达很大的信赖和尊敬，只不过这样的人实在太少了。

就算达不到君子的程度，能够做到诚实和坚守，这已经非常不容易了。而且在现在这个各种价值观并存的时代，这一品行自然是一种优点。

不过永珍为什么会被人们称为崩克呢？因为他经常从自己的视角来看世界。他的潜意识会时常告诫自己，我活得比任何人都对，所以会产生"正因为如此，我才是正确的"这一想法。问题的核心正是这种"正确人"的想法。我是正确的，所以我所说的话和所做

的举动都是正确的。其实这也没有什么不好，因为无论一个人有什么样的想法，价值观都是个人的选择。

从这一点来看，永珍这一现象并不为怪。

实际上他确实在按照自认为正确的方式生活着。因此，他认为自己看待这个世界的视角也是正确的。不过他犯下了一个错误，那就是没有一个人承认这些观点，尤其在这个各类价值观横行的世道上更是如此。

现在我来讲述一下永珍的不幸。首先是家庭成员之间产生了矛盾。结婚十多年，妻子早已厌倦了那种生活。因为永珍总是坚信自己是一个诚实且正确的人，所以会干涉生活中的所有细节，常常会指责这里不好那里不好。妻子实在无法忍受，最终选择了反抗。而永珍却始终无法理解做出这种举动的妻子。

他是这么想的。"我说的话没有什么错，我仅仅想好好生活，她怎么会受不了呢？"值得欣慰的是，两个小儿子至今为止还是比较害怕父亲的。

所以，为了让孩子们在进入学校之前步入人生正轨，他经常会因一些小错误打孩子。这也是妻子愤怒的原因之一。他无法理解妻子为什么会愤怒。

身为部门经理的永珍对自己的领导能力也没有任何质疑。因为他坚信，自己的那些正确想法和正确的生活态度完全可以被当成模范来学习。不过他这种主观的态度给自己在公司也带来了不少问题。

前文中提到，如果能独自持有这种态度也没什么。不过他平时特别喜欢说三道四。对社会的政治、经济、文化等所有方面都有着自己的标尺，只要有机会就会把自己的观念强行灌输给其他人。

不过听到这些的人却有着一样的看法。部下一致认为他是一个"用绝对理论武装自己的独善者"。

这也是有原因的。因为只要有人和他持有不同的意见，就会被他当成拙劣的人。而且他还会把"自己独有的正确视角"强加给他人。出现反驳是理所当然的。工作的时候，他同样无法接受和自己的想法或处事方式不同的人。

当然，他认为自己仅仅是在坚持自己的原则。但在部下们看来，他是一个独善且傲慢的上司，所以人们才会称他为"崩克"。

众所周知，崩克是高尔夫球场中凹陷的沙地。高尔夫球一旦掉进崩克中就很难跳出来，专业选手们也因此吃了不少苦头。所以人们才会认为永珍那固执己见的逻辑就是一种崩克。只要陷入其中，肯定难以出来。

能够微笑面对自己失误的能力

当然，每个人都无法真正对自己的经历释怀。不幸结束恋情的人会觉得世界上的所有爱情都是痛苦的，同理，健康的人无法理解患病的人，富裕的人无法理解贫寒的人，给别人带来伤害的人无法理解受到伤害的人。因为只有我所经历的、看到的和听到的才是组成内心世界的所有元素。

因此，我们对世界怀有的先入为主也难以避免。法国著名精神科医生弗朗索瓦丝·多尔多说："当一个人能够在内心深处找到对别人的投影，那么就证明他在成长。"人们有时会认为我是对的，你是错的，但这些很可能恰恰相反，所以我们要用宽广的视角看待自己不了解的人生。

我们要想避免成为金永珍那样的崩克，就要保持开阔的视角和开放的胸怀。

第一个方法就是培养幽默感。幽默感需要有与生俱来的爆发力，有些人会问道，没有这种能力的人该怎么办？

正如世界上所有的事物一样，爆发力也可以通过后天的努力训练得到改善。如果一味地固执自己的想法，用黑牌逻辑看这个世界，我们就不可能得到爆发力和幽默感。

褊狭和独善的人一般无法忍受自己成为众人开玩笑的对象。不过所谓的幽默感正是一种能用笑容面对自己失误的能力。只有那些对自己、对人生保持开放心态和肯定态度的人才具备这种幽默感。

第二个方法就是要在人际关系中看出柔和色调。我们认为彩虹是由七种颜色组成，然而用电脑分析之后我们会发现，其实彩虹中含有无数多的颜色。我们在个人或人际关系处理上也是如此。所以首先要培养识别多种颜色的能力。想做到这一点，就要果断摆脱自己的黑白理论。

有人说过，"我们都没有他人出色"。要知道，认为自己绝对正确的人很容易具有独善和傲慢的态度，这一点要非常警惕。我们要铭记这句话。

Chapter Four

感动TA而不伤害TA的关系心理学

宽容自己，也包容别人

日本有句俗语叫做"起风时卖桶人就会挣钱"。这其实是蝴蝶效应的另一种表达。风会吹起灰尘，灰尘一起，好多人就会患上眼病。在日本，眼睛看不到东西的人会弹三味线（日本的代表弦乐器，由三根弦组成）。患上眼病的人一弹起三味线，三味线的需求量就会猛增。三味线是用猫皮做成的，所以猫的数量自然就会减少，猫的数量减少了，老鼠就会增多。老鼠经常会咬破木桶，所以人们要买新的木桶，于是卖桶人就会挣到钱。这就相当于起风间接导致卖桶人发大财。

这句话很好地反映了某个小小的偶然会带来完全意想不到的结果。我们要淡定地接受这样的结果。说得再哲理一些，就是要理解人生原本就是由各种偶然、变数和讽刺组合而成的产物。

不过很多人难以理解这种事实。这些人的最大特征就是缺乏融通性。越是这样的人，就越容易钻牛角尖，认为"我必须要如何如何"。乍一看，可能会觉得这并不是什么大问题。但如果真有了这种想法，至少会引起如下几个问题。首先，无法应对预料之外的变数。其次，会抱怨促成这一结果的人，把过多的经历浪费在没用的地方。再次，会将自己的想法强加给别人，导致人际关系进一步恶化。

以全新的视角看待自己人生的勇气

刚刚升职为某大企业高管的尹敏君来找我做心理咨询。表面上是因为和新上司产生了矛盾。

他为自己获得的成就倍感自豪。在人生的道路上付出了许多，才得以坐上高管之位。当然，这种想法并没有错。问题在于，他身上具有那些百分百坚信自己诚实的人共有的攻击性和愤怒。

他的这种攻击性和愤怒的最大特点就是无法容忍自己和他人的失误。所以，他不仅对自己的同事和部下，甚至对家人也会做出不得体的行为。这类人最常见的思想就是认为自己对每件事情都辛勤付出了，所以自己总是正确的。只要这种想法无法被消除，这些人很难具备人格魅力。敏君也不例外。通过这一次升职遇到新上司，他的问题才慢慢暴露出来。

听完他的话，我想这两人之间不发生矛盾才怪。上司其实和他是同一类人。不对，应该说上司比他还要严重。上司对他做的每一件事都不满意。其实并不是因为他的办事能力差，而是他的上司同样认为自己才是世界上最诚实的人，坚信自己的想法才是最正确的。这导致他不可能有自己喜欢的部下，敏君当然属其中之一。

这么多年来，头一次碰壁的他甚至把自己的车撞向了停车场的柱子上。这时他才发现自己有必要做做心理咨询了。

开始咨询的时候我先对他进行了心理检测，结果表明他是个彻头彻尾的完美主义者，而且没有丝毫的融通性。他一看到结果便表示十分无法理解。他反驳说结果不可能是这样。他的反应也算是在情理之中。因为他认为自己是一个诚实且正确的人，同时包含合理、宽容、融通等幻想中的元素。在这一方面，他的上司很有可能与他一样。相同类型的人碰到了一起，怎么可能有好结果。

我把问题解释给他听，嘱咐他先培养自己的融通性。第一步是把自己的内心角度扩大1寸。缺乏融通性的人还有一个特征，就是过于认真地纠结逻辑的对错。要想改变这种想法，就要让他们改变看待世界的角度。

英语中表达认真的词是"meticulous"，而拉丁语中"meticulous"表示"害怕"。换句话说，过分地周密和坚持完美主义其实都源于心里的某种恐惧。要想消除这种恐惧，就要有足够的勇气改变自己看待生活的方式，就算小小的一寸也可以。

当然，尹敏君开始是非常抵触的。

不过随着时间的推移，他逐渐认识到了自己的问题，也慢慢接受了上司与自己的形象一致这一事实。接下来他开始逐渐改变自己的形象。最终，他成功摆脱了自己的黑白理论，不再认为自己是最诚实的，也不再坚持自己的话是最正确的。

他不仅能够宽容自己的失误，还能包容他人的过错。

有时，我们的人生就是各种偶然、变数和讽刺的组合，而敏君欣然接受了这个事实。我们要知道，有时候起风也能让卖桶人赚到钱。

关怀和谦卑是提升影响力的基础

曾经有人在咨询的过程中给我讲述了他讨厌自己的理由，其中之一便是自己总在开车时脏话连篇。只要看到稍微影响他开车的人就会破口大骂，其恶劣程度甚至让他自己都惊讶。他说非常讨厌这样的自己。

我听完之后先安慰了他几句，开车的时候做出这种举动的不止他一个人。我笑着对他说："韩国好像基本没有开车不骂街的人。我也经常会那样。所以说，我们仅仅是两个平凡的韩国人。"

对方听完，也哭笑着赞同了我的话。

我随后开始思考，为什么我们会在开车的时候变成一个嘴下不留情的人？恐怕最大的原因是开车直接关乎生命。在大众媒体上经常会接触到一些有关交通事故的报道，我们会在不知不觉中对车祸产生了巨大的恐惧。

另外，我们脑海中一个根深蒂固的观念就是，发生交通事故时嗓门儿大的人会胜利。所以我们才会经常碰到受害者比加害者更吃亏的案例。正因为如此，我们才会先通过骂人来占据主导。

不久前我也经历过类似的事情。我的车停得好好的，突然有个外国人开车撞了过来，但他却贼喊捉贼，说自己是一个军人，没有钱，而且自己申请的保险根本不足以补偿这次交通事故，所以让我看着办。我急忙掏出电话联系人，他又开始发起火来，说我连自己的事情都处理不了。最终幸好我这一方的保险公司出面摆平了事故，却给我留下了一段心寒的经历。

总之由于各种理由，我一开车就会变得敏感，还会说一些平时根本不可能说的脏话。开车的时候说说脏话其实也没那么坏。因为在一个封闭的空间，没有人会听到，骂几句也不会给别人带来影响。从某种意义上讲，还可以通过骂人来发泄心中的压抑，以达到"脏话治疗效果"。

真正的问题在于，很多司机根本没有对他人的关怀。我听到过一个有趣的故事，很多司机会把开着转向灯插进来的人视为初学者，排斥他们。说来也对，只要是稍微有驾车经验的人就不可能开着转向灯换车道。按道理来讲，驾驶技术越好的人就越应该替他人着想，但实际上他们会变得更加傲慢。

你的品行是由对方决定的

事实上，人际关系方面也存在这种问题。社会地位越高的人越没有礼貌，不会关心他人。当然，这里也有一定的原因。这些类型的人中，有很多都是学习成绩不错的优秀生，他们到哪里都觉得自己是最棒的。不过一旦进入大学后，他们会面临完全不同的世界。在那里，能够获得人气的不是学习好的人，而是善于玩乐和打交道的人。所以大学中只会学习的人会突然产生自卑感。

当然，他们非常聪明，能够通过某种方式掩盖自己的自卑感，还会想尽一切方法在社会上获得成功。他们开始慢慢地变得高傲自大，无论在公司还是在私下的聚会上，他们都把所有的精力放在彰显自己的能力上。只要有人反对他们的意见，哪怕只是稍稍批评，他们也无法承受。因为他们不希望以前因自卑感带来的伤痛死灰复燃，所以会尽全力抑制这种感情，这也导致了他们现在的眼中无人，夸夸其谈。

在一次聚会中，我目睹过这样一件事情。因为聚会性质比较特殊，主办方事先确认了每个人的出席情况，并制作了名片放在每个位子前。有一个人来得比较晚，当他看到没有自己的名片，立刻大发雷霆。主办方解释说："您之前说不会来，所以没有为您准备座位。"负责人请他坐到其他空位上，却被他一口拒绝了。他坚持要求主办方在主桌上给自己留出一个空位。

没办法，主办方只好让主桌上年龄最小的人换到其他位置。不过更荒唐的是，过了10分钟，他却突然站起来说自己有别的事要离开。

他可能觉得自己身份高贵，无论到什么场合都应受到郑重的待遇。不过他当时的表现却和他的社会地位截然相反。

驾车娴熟的人路上撒泼与事业成功的人为所欲为，二者无大区别。当然，我们毕竟是人，每个人都有一定的虚荣心。正因为如此，所有人都会有一种显摆自己的欲望。

哥特曾经说过，"几乎每个人都会通过几近残酷的方式将自己的优越展现给其他人，而能够一次都不做出这种行为的人到底有几个？"

我们可能会安慰自己，我们还不至于动用如哥特所说的那样残酷的方式。至少我们相信自己不是一个没有人品的人。不过这种想法本身就是虚荣心的萌芽阶段。因为我们的品行并不由我们自己决定，而是由对方来决定的。

影响力会在什么时候发挥出来

某位神父说过，"一个人死后过了三天，傲慢才会死去"。这表明，我们一辈子都会受到傲慢和虚荣的影响。我认为神父的话很有道理。

不过，我们并不能把这句话当成过度傲慢和虚荣的免罪牌。

当然，轻微的傲慢和虚荣不失为一种可爱，但仅因自己出生在一个不错的家庭里就蔑视那些出身贫寒的人可就过分了。在这个世界上，生于何种身份和本人的意志毫无关系。电影《秘密》中有一段著名台词："我们的出身都是随机的。"如果因为自己出身不错而变得傲慢，那就有些可笑了。有一些精英分子会显摆自己多么博学，从而贬低其他人没有文化，这种行为同样是不可取的。每当面对这些人时，我就会想起日本的作家丸山健二的一句话："我在田地里经历过窘困的生活，所以每当非要雅言几句时，我就会想起自己当时的形象。"他的话完全出自亲身经历，所以听起来更加真实。

我们每个人都渴望给别人留下正面的印象。有些时候，我们之所以会渴望控制他人，装作了不起，都是为了让他人认可我们的影响力，不过这些人往往得不到他人的尊重。想要在人际关系中发挥真正的影响力，需要早早领悟关怀和谦逊的真谛。

挫折可以成为人生的经验

曾经有一次，一位世界著名的高尔夫选手来到了韩国。当时有很多人排着队想得到他的真传，其中有一个人非常荣幸地得到了那次机会。人们纷纷问他，"他是怎么教你的？"

"不要抬头，全身放松。"他回答说。

打高尔夫或网球时，要想发挥高水平，就要先放松全身。这是每个人都知道的常识。因为当肌肉僵持的时候球就不会按照预期的轨迹飞行。

关于高尔夫，人们常常会说这么一句话：如果前一天喝得酩酊大醉，第二天打高尔夫的时候状态会非常好。这正是因为全身放松的结果。

全身放松后不抬头看球飞到哪里正是打好高尔夫的秘诀。同理，在人生当中战胜挫折的方法也基本差不多。我们需要先接受我们所遭遇的困难，这样一来就会自然而然想出闯过难关的方法。当我们面对挫折时之所以会感到痛苦，是因为无法接受眼前的事实。只要把那些挫折当成已经发生在自己身上的往事，心情就会好很多。

为什么越是精英越容易患上抑郁症

然而，越是在社会上获得成功的精英，越不能接受自己所遇到的挫折。他们的身体和心灵通常是紧绷的。周围人对他们的态度固然是原因之一，但更重要的是他们施加给自己的责任感让自己喘不过气，他们才会经常处于紧张状态。获得成功越大的人，越难以接受真实的自己。因为他们会把更多的注意力放在社会成就上，自然而然地变成了完美主义者。他们会不自觉地使自己处于时刻紧张的状态。

当这些人遇到较大打击的时候，积累已久的紧张就会瞬间崩溃，从而陷入更大的挫败感。

精英们更加注重自己感兴趣的东西，而对那些不感兴趣的东西基本上不闻不问。当他们自我剖析得越深，就越能感觉到自己的无知。这就是知识带来的痛苦。因为读的书越多，就越会感觉自己有无穷无尽的书要读，到死为止都读不完。

专家将其大致分为两类。一类人为了摆脱自卑感而不懂装懂，不停地自满，而另一类人则无法摆脱自卑感，不断地自责。两类人在遇上挫折时都会受其影响，这也是精英们容易患上抑郁症的原因之一。

此外还有一个问题便是周围过高的期待。拿我自己来说，因为我的职业是精神科医生，所以无法向外人倾诉自己的痛苦。我一旦说出一些烦恼，别人就会心生疑问，"精神科医生也会有那么多烦恼啊"，有些人也会嗤之以鼻，"连自己的烦恼都解决不了，还想给别人治疗"。我也是近来才有勇气对别人说：精神科医生只是我的职业，并不能完全战胜各种压抑情绪。之前一直想找各种借口来隐瞒这些问题，反而把自己搞得战战兢兢，只能身心俱疲。

丰富精神世界的自我，肯定与智慧的相对性

因为各种各样的原因，精英、专家等人群患上抑郁症的概率必然更高，自杀比例也必然更高。怎样才能解决这些问题呢？我想从爱因斯坦的相对论$E=mc^2$中找出答案。这里能量（E）可以看成自己的精神力和创造力，质量（m）可以看成自己的重量，即自我肯定，而光速（c）可以看成智慧。

质量，即自我肯定，它并不是由社会地位、职位等外部因素决定的，而是一个人能够接受自己的能力。一位前辈对我讲过他留学的经历。到了国外之后，自己不再是一位有名的医生，而是一个普普通通的东方人。我这才理解，一个人只有在脱离了社会条件来到异国他乡时才能接受自己原本的形象。

智慧并不是死记硬背的知识，而是真正的聪明。想要具备这种智慧能力，首先要具有对人类的宽广理解。一位法官出身的律师曾说过："当我是一个法官的时候，看不到10年服刑罪犯和他们家人的变化。不过当了律师之后我便能够亲眼目睹这些人的变化。后来，我对每一次判决都产生了巨大的恐惧感。"

他的话很好地解答了我们应该对他人有什么样的理解。

接下来就是从自己的亲身经历中寻找挫折的意义。有句至理名言叫做创造来源于经验。不管积累了多少知识，都需要实战演练。同理，我们所经历过的种种挫折也会成为我们的人生经验。站在甲方的位置上绝对体会不到乙方的痛苦，而人生中的挫折则是让我们理解乙方立场的良好途径。

最终展现在我眼前的世界必然只是我能够看到的部分。我们需要不断拓宽自我肯定，这样才能让自己摆脱抑郁症的纠缠，让人生变得更加丰富。当然，实践起来就没那么容易了。

发挥你的自制力

海明威的文体以纯粹简洁著称。绕圈子可不是他的作风。他说过，"每当我写文章的时候，会努力停留在某一程度上，而这也渐渐成了我自己的原则。"给他带来积极影响的人正是埃兹拉·庞德。庞德认为，作家使用的词汇一旦增多，就会变得不知所措。

我认为，他的文章论适用于愤怒。过度的愤怒除了凸显当事人的无能之外，一无是处。

愤怒要适可而止。如果这能成为一个人严格遵守的原则，我们便能减少生活中的大量浪费和损失。

有些人喜欢对一些鸡毛蒜皮的小事大发雷霆。最大的原因当然是性格问题。不少天生脾气暴躁的人一遇到问题就会大动肝火。第二个原因可能是个人习惯。他们会通过愤怒减轻瞬间的紧张情绪，所以他们会常常像焦炭一样爆发。这种习惯会成为一个人的污点，乃至影响整个人生。

过度的愤怒只会显现你的无能

疯狂地宣泄愤怒在一定程度上可以减轻消极情绪，但其结果往往会产生不利的影响。如果被人们当成没有自制力、只会无缘无故发火的人，也不会有多大负面后果，但如果是机灵老练的人，他们则会利用自己的愤怒用自己的负面形象影响其他人。

有句话叫做"抓鱼先搅水"，这就好比先让对方发火失去理智，再利用机会得到自己想要的东西。

李永浩有一次差点掉进这种陷阱里。他是一个创造性很强的人，但身上一大缺陷就是常常因一些攻击性语言大发雷霆。他身上的那种创造力一旦遇到合适的机会就能助他步步高升，但在这一过程中，他经常会对周围的人发火。一个经常受他气的部下给他设了一个陷阱——以巧妙的方式让他在股东面前发起了火。结果他失去了分辨是非能力，把平时在部下同事们面前的形象展现给了股东。

后来他回想起当时的情形说道："当时感觉会议桌瞬间要沉到水里似的。"一片短暂的沉默过后，股东转到了下一个话题。不过他的行为可没办法让人们忘记，他自己也意识到那一次十分过分。之后不久，股东叫他过去谈话。

幸好那位股东是一位性情温和的人，对人的内心和生活也有着较深的理解。股东对他说，他可能是因为最近太压抑了才会爆发，还劝他去做心理咨询。就这样，事件得以告一段落。

经过一些了解之后我才知道，他原来度过了一段非常不幸的童年。

在他上初中的时候，病危的母亲不幸离世。父亲没过多久给他找了个继母，从那时候起，他只能靠自己生活。上面虽然有一个姐姐，但她一个人在外生活。他服兵役的时候，姐姐因一次交通事故离开了人世。成长期的痛苦和姐姐的死讯使他对这个世界产生了巨大的挫败感和愤怒。

开始他将自己的愤怒封存在了心底。不过通过一次偶然的机会，他发现愤怒可以让他那紧张的情绪产生一种莫名的快感。这种事情反复出现了好几次，于是他逐渐习惯于动不动就发火。何况他天生就是个暴脾气，与生俱来的基质和成长环境加剧了他心中的愤怒。虽然这是一对非常恶劣的组合，但他完全无法察觉到自己的基质和内心世界是什么样子。就这样，他慢慢成了一个脾气火爆、动不动就发火的人。

在咨询的过程中，他逐渐理解了自己为什么会无缘无故地发火。他打算努力降低自己的火气。经过一段时间的适应改善，他发火的次数渐渐减少。

当然，他的运气也够好，这个世界上还有很多人根本不知道自己为什么会无缘无故地发火。他们通常希望对方能够理解自己为什么会发火，但结果往往恰恰相反。

没有人喜欢经常不耐烦、动不动就发火的人，哪怕自己也属于这种类型。只要对方那样做，我们都无法忍受。当然，很多人不觉得自己也会像对方那样发火。

爆发之前

我们在生活中经常会发火。不过在真正爆发之前，有必要再一次发挥自己的自制力。在这种情况下，语言就会成为重要的工具。在发火之前最好先对别人说一说具体的情况，这样可以起到过滤作用。经过一番交流之后，你会发现，其实事情并没有想象中那么可气。

俗话说"一言可还千两金"。在生活中，我们可以真切地体会到这一点。比方说，发生交通事故时，司机们常常大显自己的威风，大步从车上走下来（可能因为人们都深有感触，嗓门儿大的人才是赢家）。

有趣的是，只要一方先礼貌地说"先生，您受惊了吧"，对方自然会回应"没，没什么"。不过当一个人先表现出粗鲁无礼，或者表现出恶劣的态度，对方就会死扛到底。

不少找我做咨询的人有一个共同的问题，就是愤怒时该如何表达。

一个出了名的暴脾气高管来找我做咨询。他明明知道要克制自己的脾气，却始终做不好，所以经常会对部下发火，事后会通过请人家吃饭或买一些小礼物来平息事态，最终为自己小小的冲动付出了不少代价。不过补偿仅仅是一时的，他总觉得自己心里有些事情不痛快。这种感情积累下来就会让他压抑，程度严重时又会爆发，于是变成了一种恶性循环。

我在做咨询时，给他留了几条建议：每当发火时写下当时的具体状况，百分之百表达自己的真实感情；而在产生那种感情前要先写下当时的想法。这就相当于通过语言来重新组织自己的想法和行为。每当做咨询的时候，我就会让他重复这种训练，同时还帮助他用语言准确地表达他自身的问题。最终他理解了自己为什么会做出那些举动，也慢慢摆脱了愤怒的束缚。

控制愤怒的方法

我们经常会把愤怒比喻成火。火是我们生活当中必要的物质。没有了火，就没办法战胜寒冬，也没办法度过黑暗，但也会一不留神引火自焚。所以说，在人际关系中我们需要适当的愤怒。愤怒是当一个人受到伤害、侮辱或无视时产生的情感。当我们的身体受伤时常常会感到疼痛，同理，心灵受伤时肯定也会感到愤怒。

不过，有时候我们还会因自己的不安或对别人的过高期待产生愤怒，这样就会出现问题了。所以在表达愤怒之前，我们要先腾出时间来好好想一番。

能够浇灭火的只有水。心理学上常常将水比喻为思考。所以我们首先要进行思考，我所经历的愤怒相比于事件本身有没有过分，如果有的话原因在哪里。

有些人经常会因为部下任务出错而发火。不过我们仔细想想就会发现，其实自己发火另有缘由。

那是因为担心部下做不好工作，会影响到自己的升职。清楚了这一点，就能够压抑住对部下的愤怒情绪。

如果在一番思考之后还是愤怒不平，那你可以记下以下几种得体的表达愤怒的方法。

1.详细解释自己为什么会生气，自己对对方有什么期盼想要掌握这一方法，可以先录下自己所说的话。我们会发现，大多数录音内容并不是自己为什么会生气，对对方有什么样的期盼，而是我有多么了不起，对方有多么低劣。

2.不要释放不必要的能量

电影或电视剧中经常能看到一些过度愤怒的人突然昏厥的场景。适当的表达愤怒并不会导致这种现象。

3.要抑制具有攻击性的冲动

绝大部分人会在愤怒的时候表现出自身的攻击性。受到攻击的人必然会心怀怨恨。要记住，语言的暴力比身体的暴力更加持久。如果说身体暴力所带来的伤痛会持续6周或6个月，那么语言暴力所带来的伤痛至少会持续6年。人生就像回旋镖，自己扔出去的东西肯定会重新飞回来。所以说，越是生气就越要克制。

4.给对方辩护的机会

前文中提到过，表达愤怒时最好要简洁明了。所以当你传达完自己的发火理由之后，有必要给对方解释其想法的机会。人际关系中产生的大多数伤痛都是因为没有倾听对方心中的话。

5.在23小时57分钟后再表达愤怒

愤怒基本上不会超过一天。如果觉得自己现在非常生气，说出来只会伤害对方，可以先忍一天。第二天你会发现，原来昨天那种事情根本不值得发火。发火时，最好先等23小时57分钟。就算真要发火，也不要超过3分钟，发完就把它忘了吧。

同类会认出同类

有句话叫做"同类会认出同类"。心灵扭曲的人会认出同样心灵扭曲的人，这些人一旦合作起来可能会诞生犯罪集团。就算少数人积聚到一起也会产生问题。因为这些人会投机取巧，从而可能引发社会问题。

出色的人同样能够认出像自己一样出色的人，如果这些人同心协力就能获得超出想象的成功。就算只有少数人走到一起，也会取得常人无法取得的成就。

警惕过度的牵制心理

披头士就是这样的。约翰·列侬认识了保罗·麦卡特尼，将披头

士的成功秘诀写成书的美国著名作家兼唱片制作人劳伦斯在书中这样
描述。

通过朋友初次和保罗相遇时，约翰一眼就看出了保罗的非凡。
当时他已经在和其他人组织乐队了。不过他对保罗的才华爱惜有
加，马上将保罗引进了乐队。

保罗带来乔治·海力斯的时候也一样。约翰当时也是一眼看出
了乔治的出色能力，这些人当然也就意气相投了。后来实力稍逊的
其他乐队成员离开了乐队，这些人发现自己无法和约翰、保罗、乔
治相提并论。紧接着约翰和保罗、乔治一起组成了披头士乐队（林
格·斯塔尔是后来加入的）。就这样他们同心协力，成为了摇滚的
传说级人物。

假如当时约翰没能看出保罗的才能，恐怕就不会有今天的披头
士了。就算看出了他的才华，也有可能不将他引进乐队。"这个人
的才华与我不分伯仲啊，弄不好就会爬到我头上，那是绝对不行
的。"谁能保证他不会产生这种想法呢？或者，他会想："既然能
力这样出众就留在我身边吧，不过我得让他知道，他和我永远不是
同等级别的人。"

因为人往往会对和自己一样出色，或比自己更出色的人有一种
牵制心理。

实际上这种心理让很多人错过了才华横溢的人才。无论是由数
千名员工组成的企业，还是由三四人组成的乐队，左右一个团队成
功的正是创造能力和实践能力。

创造能力和实践能力来自于团队成员的大脑。很久以前人们就

明白，想要当一个成功的团队领袖就要不拘一格降人才。

约翰·列侬虽然年纪轻轻，却有着宽广的胸怀，同时还不乏领导能力，他欣然将保罗和乔治当成了同事。最终他们意气相投，发挥了天才的创造力。

刘备看出了诸葛亮的才华，正因如此，才会有三顾茅庐的佳话。刘备还结识了关羽和张飞，因此才会有著名的桃园结义。假如刘备没有这种慧眼，就不可能有千古流传的《三国演义》。

但遗憾的是有时候我们遇不到自己的伯乐。孔子就是如此。他渴望找到看到他才华的人，于是周游天下去见各路诸侯。不过当时没有一个诸侯像孔子一样卓越不凡。最终孔子没能遇到知己。这样看来，他留下的"不患人之不己知，患不知人也"，正是对自己怀才不遇的叹息吧。

无法笼络人才的人所具有的潜意识

渴望将出色的人才留在身边是所有追求成功的领袖最大的心愿。同样，出色的人才也渴望在出色的领袖手下打拼。当这些人相聚到一起时会得到惊人的合作效果。只要是具有出众气量、对事业无比热情的人，肯定想经历这种大爆发。而随后到来的成功也必然是非常耀眼的。看一看披头士，他们至今为止挣的钱已是天文数字。

不过奇怪的是，有些人明明具有出众的才华，却无法把出色的人才招到自己身边。这种情况下，我们就有必要对自己的潜意识进行一番研究了。

正如前文中所述，我们需要自我反省下，自己是否对那些能力可能超越自己的人存在牵制心理，是否固执己见完全不理会他人意见，是否因为内心的傲慢而无视他人的存在。

当然，这些并不是全部原因。但毋庸置疑的是，想要聚集核心人才就必须做到这些。

人都渴望称赞

美国好事达保险公司前CEO爱德华多·李迪在一次CEO谈话节目中有过这么一次经历。主持人问他，有没有什么话想对管理学院的学生说。他毫不犹豫地回答道：

"如果能相信自己，就会产生惊人的力量。所以要对自己有信心，昂头向前走。"

换句话说，如果是一个真正有价值的构思，即使受到时间的威胁，最终也会成功，为此我们要做的就是相信自己，学会等待。

有人问他，作为一个领袖，需要具备的最重要的资质是什么。他说："需要绝对的乐观主义。"

因为只有这样才能承受得住失败。当然，如果这些失败是致命的，连续重复两三次的话就另当别论了，不过我们最需要的，永远是战胜失败的力量。

人的内心就像回音

看到他的采访，我深有同感。积极帮助别人，让对方相信自己非常重要。因为只要能够做到这一点，我们就会得到双倍的力量。而达到这个目的的最好方法就是不断让对方知道，对方在我心目中是个非常重要的人。精神医学专家亚隆对此做过这样的解释："我时时刻刻努力让患者成为对我非常重要的人，让他们进入到我的内心世界影响我，改变我。并且我尽量不对他们隐瞒这些事实。"这种情况下，患者也会努力相信和改变自己。

他之所以会有这种想法是因为这样一件事。

年轻的时候，他在伦敦的某家著名医院做过一年研究员。当时著名的精神分析家兼团体治疗专家在退休前组织了一次聚会。那位专家和那些接受过十年以上团体治疗的人们侃侃而谈，他们回顾与专家一同度过的美好时光，讲述着每个人的变化。他们不约而同提到了一点，十多年里只有一个人完全没有变化，那就是那位即将隐退的专家。

那句话极具嘲讽意义。亚隆体会到："明明和他人一起度过了很长时间，却没有受对方的影响，也没有发生任何改变，这就说明完全没有重视对方的存在，这是多么可悲的事情。"亚隆认为，没有什么比熟人对自己的包容更能让自己产生自信了。因此他总是忠告他人，不要吝啬于包容。

我所了解的领域是精神医学，才会举亚隆的例子，但我相信，他所提到的态度——将对方看成对自己非常重要的人，相互影响，相互实现积极的改变，这才是适用于所有人际关系的核心价值。

不过这个世界上还有很多相反的案例。不用说重视对方的存在，不少人甚至相信鄙视对方才能凸显自己。

有趣的是，越是这样的人，就越喜欢叹息为什么人际关系会这么难搞。

某企业的经理A就有过这样的经历。他有个亲戚是股东，所以他轻而易举就坐上了经理的位置，当然他自己心知肚明。他在这个位置上没有选择谦逊，而是选择了相反的行为。瞧不起部下是家常便饭，对其他经理也相当没有礼貌。而且不知道从何时开始，他给顾客灌输了一种自己比顾客更加重要的思想。

他认为这个世界上重要的人只有他一个。而且在他眼中，其他人都不值得一提。部下根本没有对他说过任何称赞的话，只会把各种问题罗列出来。尽管如此，他还是觉得自己的工作能力非常强。因为他时常觉得一定要让这些没有价值的人看看自己的能力。

他当上经理之后，所属部门员工的士气一落千丈。他对员工的谴责和侮辱是原因之一。不过更重要的是每个人都被当成了可有可无的存在，不断地被贬低，从而失去了所有活力。

其他部门的经理也不愿意和他纠缠在一起。因为只要和他在一起，就只能无缘无故地被他嘲讽贬低到一无是处。

他并不是那种非要与谁保持良好关系的人。自然而然地，他也就成了无人问津的存在。尽管如此，他仍然没有觉得自己做错了什么。

因为他连客户都敢不敬，他所在的部门连基本的业绩都没能完成。他把愤怒转向了部下们，"手下全是一些没能力的人，我自己怎么可能做好事情"。工作带来的压力和愤怒，他甚至患上了失眠症，于是来到了心理诊所。

把对方看成重要的人

第一次见他的时候，我还以为他的问题仅仅是失眠，于是打算给他开些合适的药物。不过在进行了心理检测和第一次心理咨询之后，我才发现他身上存在前文中提到的各种问题。他虽然嘴上说失眠让他如此难受，但其实潜意识中已经知道真正的问题所在了。

我劝他认真做一次心理咨询。他表面上显得不怎么在乎，但每次都会按时来就诊，而且不断地诉苦，说带着那些"没有能力"的员工们工作有多么吃力。在他眼里，完全没有身份的顾客让他十分头疼。

幸好随着时间的推移，他逐渐认识到自己的问题出在哪里。在发泄怒气的过程中，他开始意识到自己犯了什么样的错误，错过了哪些重要的东西。

不过情况也没有立刻出现变化，他仍然固守着自己的那份傲慢。当时他的高管从他部下那里听到了很多有关他的负面评价。作为高管，必须要面对他所领导的团队业绩不断下滑这一事实。这种情况下，就算把所有的责任归结到他身上，也不过是炒他鱿鱼而已。

幸好那位高管心胸比较宽阔，他明白读懂顾客和员工的内心想法有多么重要。据我所知，他就是亚隆所说的那种人——"努力将对方看成重要的人"，而且只要有机会，他就会传达准确的信息给对方。正因为如此，很多员工都紧紧追随在他身后，把他当成人生的导师。他很清楚应该怎样对待A。他分析了A所具有的优点。A能够做心理咨询，并拥有那样心胸宽广的上司，实属幸运。

　　A是这样一种人，只要有人称赞他，他就会为了不辜期望而全心全意地努力。但他总是表里不一，对别人表现出恰恰相反的一面。不过这就是他的一种性格缺陷，奈何不得。

　　那位高管先把A称赞了一番，夸他对这个团队来说是多么重要的人才。随后又提及A所带领的员工有多么能干，多么聪明。说白了，正是因为你，你的组员也能进一步发挥各自的能力，出色地完成业务，所以你要有自豪感，主动称赞、支持、鼓励部下们。

　　至于后来A发生了什么样的变化想必就不用细讲了。简单地说，A好像完全变了一个人，每次做心理咨询也不会抱怨不停。我之所以知道A和他的上司之间的故事，也是因为他主动给我讲了那些故事。

　　那位上司非常明白怎样让对方知道对方对自己是个重要的存在。多亏了那位上司，A所带领的团队成员才发挥了更大的潜力。

人生可以再设计

或许是因为寒风瑟瑟，一到12月份，我们的内心就格外动荡。人到三十日过午，而立之后的每个年末都无法平息心中的波澜。恐怕没有哪个中年人不害怕自己的年龄增长。人生当中，要做的事情还有很多，时间却剩得不多了，心情怎么可能平静。

哥特说过这样的话："失去欲望太早，想要玩乐又为时已晚。"

恐怕对于即将走过中年期的人来说，没有什么形容比这句话更加贴切。正因为如此，这句话才经久不衰。从我的经验来看，越是专注于自己社会成就的人，越不能接受自己年龄增长的现实。

中年期经历的精神危机

徐景焕三十多岁开始创业，一手将公司打造成了坚实的中坚企业。他把自己二十多年的时光都用在了事业上，他的目标只有一个，就是在自己的领域获得成功。虽然现在已经得到了他想要的成功，不过中途也遇到过危机。一次因为财政上的困难，公司差一点走向破产。当时他像一个疯子一样到处借钱，睡不好，吃不下，满脑子都是怎样才能让公司重新站起来。幸好他抓住了机会，实现了东山再起。

他卖命地工作，为了事业甚至失去了健康。他住了院，一想到就这么死去他的心中便一片悲痛，想想之前那段创业的时光，实在太过空虚。他还决心，只要身体好转，就抽出时间来多陪陪家人，好好享受自己时日无多的余生。不过当他身体状况好转时，他已把自己在医院许下的承诺忘了个一干二净。

他再一次把自己埋进工作当中。

突然有一天，他的一位好友因心脏病离开了人世。他这辈子第一次遭受了这么大的打击。身无分文差点丢掉公司的时候他的心情也没有这么糟糕过。

经历那次事件后，他感到特别无助。他无法驾轻就熟地做好公司工作，待在家里的时间也越来越长。他终于看清了妻子的脸庞。因为在公司时，经常半夜回家，基本上没有时间好好看看妻子的脸。但这次，他猛然发现妻子在不知不觉中渐渐老去。眼前的一切让他非常痛心。因为在妻子变化的过程中，他一次都没有关心过她。他有些追悔莫及。

他终于意识到，自己是何等幸运，因为妻子从没有跟他提出过离婚；他也意识到自己是何等幸福，因为自己可以和一个好妻子白头偕老。妻子在他漠不关心的期间，已经把孩子养大成人了，而且这个家也被她整理得井井有条。

但问题在于，人一旦感到无助和空虚，就很难再次站起来，仿佛抑郁症也缠上了他。他一直以为自己是个"超乐观型"的人，抑郁症这东西都是那些悲观的人才会患上的病。

在发现自己处在这种状态之后，他感到又惊慌又受打击，于是来到了心理诊所。

很多人在进入中年之后经历过和徐景焕一样的危机。对他来说，家庭并没有什么问题。当然，这里先不提他妻子顶着的巨大压力。不少人中年后会经历家庭的问题，这样一来，就不得不承受双重痛苦，会度过更艰难的时光。各种各样的中年危机会让人身心憔悴，所以才会有那么多人认为要提前准备好人生第二幕。

库尔特·冯内古特认为，人想要作为一个真正的人存在，就要不断地问"为什么是我""为什么必须是这样的"。实际上人类通过寻找这两个问题的答案的漫长旅程了解了存在的根源。

比方说，假如没有"为什么是我"这一疑问，会有弗洛伊德那样的思想家吗？恐怕那些人都不会存在吧。正因为有了这个疑问，弗洛伊德才会对人类的内心世界坚持不懈地做着探索，最终阐明了潜意识的世界。

假如没有"为什么必须是这样的"这一疑问，达尔文估计不会航行到加拉帕戈斯群岛。正因为有这两个人，我们才会以完全不同于以前的思考方式看待人类的内心和大自然。

这两大疑问影响了人类的发展方式。

当你走完一半人生时

不过我们并不是冯内古特或弗洛伊德。换句话说，我们平时难以对自己的内心世界发出"为什么"的疑问，所以当我们有闲暇探索内心的时候就会被"我是谁""生和死对于我意味着什么"等一系列问题搞得不知所措。徐景焕的案例很好地证明了这一点。正因为无法接受这些问题，好多人才会通过药物、酒精、赌博或者外遇以寻求解脱。至少，在依赖那些事物的过程中，我们可以逃避人生给我们留下的最根本疑问。

然而，活出壮烈人生的人正是通过那些疑问不断成长和发展的。英国作家马克·哈蒙说过这样一句话：

"我们要对世界上的任何事情都持有怀疑的态度，不断地刨根问底。一旦这种态度消失，人就会走向衰老。"

事实上，想要保持好奇心和热情，度过美好的中年期，就一定要好好设计人生的第二幕。如果只是单单专注于事业或成功，就无法承受突如其来的精神危机了。

有人说过，我们在变老的过程中也需要革新，也有人说还需要设计。这些话都不假。人生的第二幕怎么可能不需要革新与设计呢？

那么，中年期面临的困境需要什么样的革新呢？

我认为最重要的一点就是不能把自己束缚在固定观念中。只要能够维持内心的活力，我们就不会把年龄当做任何事情的问题了。

精神医学专家荣格还建议，要把空间留给我内心世界的那个小孩。

"所有大人们的心中永远住着一个小孩。虽然时时刻刻都在成长，但永远都不会长大，他们不断地希望得到照顾和关心，渴望受到教育。"

当你把内心的空间让给那个小孩时，才能从中年期所经历的压抑中摆脱出来。当你能够运用小孩天生的想象力、好奇心、童趣和创造性时，就可以度过丰富的中年期。我想说，我们至少不要在中年期过后埋怨心中的那个小孩。

如果能做到这一点，不仅可以摆脱年龄增长所带来的空虚和孤独，还能够活得更加充满生机。

随后我们要做的，就是坚信"此时此刻"正是我所拥有的最宝贵瞬间。

过去的青春无论多么华丽，都只属于过去，随之而来的老年期对我来说也是一种未来，和现在的我还没有任何关系。所以"此时此刻"才是我所拥有的最宝贵瞬间。如果能够专注于如何使这段时间变得更加丰富和多彩，我们就可以把现在变成我们人生的巅峰。这不就是真正的中年期革新吗？

管理自己的情绪

人在出生时是没有说明书的，而买电子产品时却一定会附上使用说明书，还会详细地标出材质及使用方法。只要按照说明书去操作，我们基本不会失误。一个人来到人世时只有一具躯体，无从知道我是谁，我从哪里来，我该怎样操控自己等。

给予我生命的父母也是一样的。只不过他们会根据自己的经验、期待值和价值观来培养孩子。

所以我们经常会看到父母操了半辈子心把孩子培养成人，到头来却只能听到一句"你们根本就不了解我"。就这样，我们会开始思考自己到底是谁。

为心灵除草

朴栽焕来做心理咨询时总会不停地抱怨对其他人的不满。他的父亲不仅对这个家没有任何关心，还因外遇让母亲受了不少苦，母亲也因对父亲的愤怒患上了抑郁症，没有多余的精力照看他。而他自己一次也没有对这样的父母进行过反抗，好不容易进入社会开始了新生活，却遇到了那么多与自己不和的人，上司和同事明明对他漠不关心，却常常把困难的事情交给他来做。总而言之，他人生中遇到的所有人都给他带来了痛苦。

他相信，这个世界上只有两类人：时时刻刻受别人欺负的人与时时刻刻欺负自己的人。在他看来，除了他自己之外，其他所有人都是幸福的。不过不知从什么时候起，他开始有所变化。之前每当我对他解释问题的核心点时，他就会反驳我说"你了解我的痛苦吗"，而现在，他却理解了我所说的话的意思。

有一天，他突然对我说："我第一次认识到，自己应该管理好自己的情绪。心情不好做什么都是无济于事的。要知道为什么自己的心情那么差，好好分析到底这件事情值不值得自己这么糟蹋自己的心情。"他发现自己具有很严重的受害意识。和最初的他相比，现在的他真的有很大的改变。看到他心情越来越好，我也给予了他很大的肯定。

我们在祭奠祖先时为什么要除掉周边的杂草？杂草的生命力要比景观草强得多。如果不除杂草，整片草坪都会被杂草所占领。我们的内心世界也是一样的。如果任由糟糕的心情影响我们的内心，我们的内心必然会变得越来越灰暗。要想防止这种现象的发生，我们就要经常检查自己的情绪状态，进行适当的管理。

我们的内心很奇怪，比起积极的事物，我们更容易受到那些负面的、不好的事物的影响。正如杂草一旦扩散就会占领整个草坪一样，消极思想发挥的作用要远远大于积极思想所发挥的作用。我们在生活中经历的消极事物要比积极事物多得多。正因为如此，我们潜意识中就会有着对消极结果的不安。有报道指出，成长的过程中如果经历了太多消极的事物，与积极情感相关的大脑左侧额叶活动就会减少。

实际上有些人的程度更严重。他们天天抱怨，愤世嫉俗，每一天都过得非常痛苦。这些人会举几百万个理由来说明自己的不幸。听着他们的话，我觉得这些人好像天生就喜欢自己的不幸一样。他们会因丁点儿小事备受挫折。他们大多数人不会从自己的身上找问题的症结所在，所有的错误和责任都在他人身上。这就是一种病态的"投影"机制。

许多人每天要承受心理压迫，挫折、不安、抑郁、嫉妒、负罪感、破坏心理等。桑多·马锐说过一句与这种现象非常贴切的话：

"荒郊野外的夜晚埋伏着猎豹、老鹰、豺狼，而人类心灵的夜晚埋藏着憧憬、虚荣、自私、狂躁、嫉妒和报复。"

除了极少数人一生平坦无阻，大部分人会理解马锐所说得含义。

不过这些人就算受到了心理压迫，也不会把原因和责任推到别人身上，不断地抱怨。因为他们很清楚，人生中会遇到各种情况，有痛苦的时刻，就有充满希望的时刻。这同时也说明他们的精神防御机制在正常地运转。

精神防御机制的各种要素

我们的精神世界里配备了一种主动保护我们的东西，那就是精神防御机制。换句话说，就是能够帮助我们战胜精神矛盾走出难关的心理策略。

说得更通俗一点，防御机制中有一种叫做"取代（displacement）"的东西，所谓"取代"指的是对某事物的情感转移到其他事物上。

举例说，一个男人在公司受了上司的气，而这个上司和他的妻子是老乡。这样一来，这个男人回到家中一看到妻子就会莫名其妙发火，这就是"取代"机制的作用结果。他会对妻子喊，"你老乡怎么都那个德行？"

有些人会在遇到问题时像孩子一样"退缩（regression）"。在遇到严重挫折时，他们会丧失部分表现能力，退回到过去水平。住院的患者像小孩子一样依赖于大夫或家人的情况就属于该范畴。

"投影（projection）"常常出现在恋父情结或恋母情结的患者身上。投影指的是将自己潜意识中的冲动转嫁给他人。这样看来，具有恋母情结或恋父情结的人即将自己的欲望投影给配偶的人。比如说，一个人心中极度渴望出轨，这让他无比难受，于是他会为了隐瞒自己的内心从而将自己的心理投影给对方，怀疑对方是否出轨。

"同化（identification）"指态度或行为越来越像自己的父母的一类人。有些人明明不愿意变成自己讨厌的类型，却又会不知不觉地变成那种类型的人，这种现象叫做"敌对同化（hostile identification）"。另外还有"病态同化（pathological identification）"，比如国会议员的秘书（尤其是级别最低的那些人）经常会在别人面前抬高自己的身份，认为自己就是国会议员。

我们可以通过防御机制来了解一个人的精神健康状态。因为运用什么样的防御机制完全取决于一个人的心理成熟水平。当有问题出现时，利用前文中提到的病态投影机制，我们就会变得与本人完全不同。运用敌对同化、病态同化或退缩等防御机制的人，其内心则是非常不成熟的。

通过改变想法控制感情的认知治疗

在什么样的情况下运用什么样的防御机制完全受我们潜意识所控制。

仔细观察自己的性格特征，我们很容易便能了解自己具备哪些防御机制。反过来讲，性格特征取决于使用哪种防御机制。想一想那些愤世嫉俗、怨天尤人的人。这些人具有什么样的性格，立马就能想象得到。

防御机制可以一次启动多种类型。遇到不同的状况，就会有不同的机制启动。我们内心世界中的很多精神元素会使我们的真实感情和想法被隐藏。

防御机制的积极意义在于它们可以保护我远离不安或冲动的影

响，因为消极机制会让我们越来越脱离真实的自己。

那么，我们怎样才能消除这些消极防御机制，控制好自己的内心世界呢？答案就在能量定守恒律当中。相对论认为，有质量的物体一定具有能量。根据$E=mc^2$，人类同样具有能量。这里的能量指的是物质和精神上的能量。

荣格是精神医学界中对精神能量进行分析的代表人物。他提出了等效原则（principle of equivalence）和心力趋平原则（principle of entropy）。

等效原则指当某精神要素所具有的能量减少时，其他要素能量则会增加，比方说，孩子在成长的过程中一开始对玩具枪非常感兴趣，后来就会把注意力转到漫画书或小汽车上。换句话说，对某种事物丧失兴趣，就表明对其他事物产生兴趣。

如果我们把精神能量用在消极事物上，那么我们还需要将其转移到能够为我们带来欢乐的积极事物上。前文中的朴栽焕就是一个很好的案例。

如果把心情比作水，那么调节心情的思想就是土。心情如水，每时每刻都会变化，而思想一旦形成，就会有效地保护好心情。近年来，精神医学界中比较流行的认知治疗就源于这种概念，通过改变想法来控制感情就是这种治疗的核心原理。

那究竟应该怎样改变想法呢？想法是感情或感觉进入到我们大脑之后才会产生的信息，所以我们应该更加理性地对待，分析自己的想法会带来积极感情还是消极感情。如果是消极感情，我们则需要将这种消极的思维转化为积极的想法。

能量会从强大的物体流向弱小的物体，同样，精神能量的流向也是从高到低，这就是心力趋平原则。平时我们要不断努力实现自我，控制自己的灵魂，这样我们就可减少流向消极思维的能量了。

　　"心想事成"说的就是这一能量法则。因此我们要时常注意管理自己的情绪。

答案在右脑上

约翰·斯坦倍克带着自己的爱犬查理周游美国一圈，并在自己的旅行日志中写下如下内容：

"在内地转来转去难免要和当地人接触，而他们的欺生也非常严重，所以经常会和国境管理局的人产生摩擦。"

连这位名声显赫的大作家都不知道该说些什么，只好被管理局的人欺负。伤心的斯坦倍克晚上入睡前好好回顾了自己白天想对那些官员说的话，这才想起来当时应该说些什么来和他们对抗。

想必我们都有过这样的经历。每当一件事情结束，我们常常会感叹"我当时怎么就没说这些话""怎么当时就没想到"等等。能说会道的人都有过这种苦恼吧。

这种事情让我们抓狂不已。不过过后不久我们会发现当时的想法或点子无一点用处。当我们什么都不去想时，更能够产生创意。

我们经常会因想不出合适的措辞而哑口无言。越寻找合适的词语，我们就会越慌张，脑海里乱作一团。过了一段时间，比如我们在开车的时候，脑海中会突然浮现出需要的词来（这时的感觉就像开关突然打开一样，大脑中一片明亮）。

阿基米德曾在洗澡时大喊一声"有了！"这就是很好的例子。大导演斯皮尔伯格也说过，最好的主意都是在开车时想出的。史蒂芬·金在某部著作中也写道："我在洗澡时会勾勒出顶棒的图画。这就相当于我的子宫。"爱因斯坦一声叹息，"为什么只有洗澡的时候才会想出点子来！"

我也一样，新书的主题或研究课题总会在我开车时或洗脸时一闪而过。

恐怕这种经历也是每个人都有过的吧。

当左脑丧失功能时创造性就会增大

大脑研究学家们终于找到了原因。他们的理论表明，用来测定创造性的远隔联想法（remote association test）基于以下理论，即想要具备创造性，就应拥有将各种分离的观念及概念联想到一起的能力。换句话说，如果想完成某件事情，应该缩小感兴趣的范围。有时候中断努力，放松思想，反而会扩大兴趣范围，提高创造性。人的右脑主要控制这一过程。

如前文所述，很多具备创造性的人之所以会在开车或洗澡时想出最好的主意，皆是遵从了这一原理。作用于这一过程的正是我们的右脑。更有趣的是，当左脑出现问题时，创造性就会更强。

不久前俄罗斯有篇报道介绍了一位左脑受伤的女性成为画家的故事。

因为一次交通事故，她的左脑几近瘫痪，她只能靠剩下的右脑生活。不过她突然对画画产生了强烈的兴趣，开始随手画一些东西。之前她根本没有这种想法，也没有在画画方面表现出任何天赋。但自从她开始依赖右脑生活之后，便在美术领域表现出了惊人的创造性。

在任何人眼里，她的作品极具才华。不过，奇怪的是，为什么她大脑完好无损时没有展现出这种才华呢？

随着脑科学的发展，科学家们对其进行了深入研究并得出最终结论：正因为她左脑功能丧失，右脑才被瞬间激活。

我们的大脑由左右两个部分组成，右脑负责艺术造诣，而左脑负责逻辑思维。另外，右脑可以帮助我们和他人形成联系，具有共鸣和理解的能力，相反，左脑会让我们把兴趣缩到非常小的范围，就像"麻雀从沙土中挑出谷物颗粒"一样动用精密的神经。

人们一直认为右脑是用来处理时空方面的刺激。左脑中的神经细胞联系紧密，右脑中的神经细胞却相对松散，因此右脑更适于构建三维空间。还有一个有趣的事实，储存在右脑中的记忆要比左脑中的记忆更加持久。我们有时会忘记一个人的名字，但会清晰地记得和他见面的地点，这也是同样的道理。

在做心理咨询的过程中我经常能够碰到那些具有清晰逻辑思维

却不懂感情表达的人，这些人的左脑更加发达。相反，右脑发达的人感情会更加丰富，具有出色的创造力。

学会从容地放松和笑

一些从事大脑科学研究的人认为，人的左脑代表科学，右脑代表自然。这句话可以解释为，左脑和西方文化圈相关，而右脑与东方文化圈有更紧密的关系。

大多数西方人利用左脑进行分析、思考、表达。相反，大多数东方人常用的却是右脑。因此。东方人更善于委婉地进行表达和思考。

著名的性澈禅师说过，"山为山，水为水"，佛教主张的善文化及周易文化都属于右脑的产物。以汉字为代表的表意文字也是用右脑来识别的。我在医学博士论文中也曾证明过韩文是由人类右脑来识别的。

我认为，在进行个人心理分析的时候，有必要考虑对方的文化圈影响。我经常会经历这种事情。最典型的事例就是在国外接受治疗的留学生们。他们在西方接受治疗的时候主要服用一些抗抑郁症的药物，虽然用量惊人，病情却未见好转。后来他们回国才找我咨询。

这种现象其实并非偶然。他们的主要问题是和父母产生的矛盾。在我们的文化圈中，这并不是什么大问题。不过在子女十几岁就需要独立在国外的生活，大多医生无法理解这一问题。因此他们会将其诊断为缺乏精神独立的未成熟状态，开一些精神症方面的治疗药物。这些患者回到国内后通过集中进行的父母子女关系相关心理咨询，病情会慢慢好转。

不仅仅心理分析受文化圈影响，我们面临的生活也一样。从这种意义来讲，我们所处的文化圈更受右脑影响是一件值得庆幸的事情。当然，左脑负责的分析能力、思考能力及逻辑能力也相当重要。

为了生活得更加放松，我们需要多关注右脑的作用。既然右脑和创造性有关，那我们就更有必要重视右脑。

当然，这种关注无需方法论来指导。我们可以多留给自己一些休息和放松的时间，这就足够了。

右脑和幽默感也有着紧密的联系，所以我们平时要学会微笑。如果能够在人际关系中培养理解他人和产生共鸣的能力，那就更加完美了。

Chapter Five

妨碍接纳自己的9种心理问题

自杀本能：我为什么要杀害自己

几年前我给一家企业的员工做了一次演讲，演讲中我问道："如果在场各位中有谁产生过自杀的念头，请闭上眼睛举一下手。"令我吃惊的是，百分之九十以上的人都举起了手。不久前电视上报道了一组统计数据，在韩国，每天的自杀人数为42人。

只要有社会知名人士自杀的消息，精神科医生们就会格外紧张。因为很多患者会说，"我看了报道，既然那么有名的人都会死，我这种小角色是不是理所当然应该死呢？"

只要听到女艺人的自杀报道，我的内心就会非常痛苦。因为很多患者说要跟着她一起走，所以我们要想尽一切方法劝阻他们。

站在自爱和自毁的交界处

其实在精神科治疗领域，自杀是一个热门话题。有人会把精神科医生分为两种类型，一种是经历过自己的患者自杀的医生，另一种是未来肯定会有这种经历的医生。要想避免这种伤心的经历，唯一的方法就是不给这些患者做诊疗。

很不幸，我属于前者，而且那次经历也给我的人生带来了巨大的影响。如果要把我的人生分作两部分，那一定是经历那件事情之前与经历那种事情之后。

自杀的人固然可怜，自杀未遂活下来的人要承受的痛苦也非常之大。抛开法律层面，至少自杀者会给家人、朋友还有治疗他的医生带来极大的心理创伤。

拿我来讲，当时基本上已无法再继续给别人治疗，我一度认为自己已无法再做精神科医生，于是去了美国。不过在那里，我遇到了我人生的导师米勒医生。多亏他的引导，我内心的伤痛才得以治愈，并且重新树立了人生的目标。

有人说，希望会在一个人最绝望的时候降临，看来这句话是有一定道理的。因为我当时感觉到，即使现在非常顺利也不能代表什么，就算现在异常不顺也不等于整个人生就此毁掉。直到生命终结为止，我们都不可能知道自己的人生会发生什么，所以我们要好好地活一遭。

尽管如此，我们依然会面对各种各样的矛盾。这就是人生，让我们如此留恋，又让我们如此绝望的人生。如果说精神科医生无法逾越的障壁是自杀，或者说在治疗人类精神的过程中最大障碍是自杀，那么说不定我们大脑中有关自杀的想法是与生俱来的。

当然，自杀的不一定只有人类。不久前，中国发生了一件奇异的事情，一只母熊掐死了亲生骨肉，然后了结了自己的性命。据说因为人们想从小熊身上抽取熊胆。当时小熊发出了一阵阵悲鸣，见此情景实在无法忍受的母熊用尽一切力量撞破了笼子。不过母熊无法解开锁着小熊的铁链，后来母熊紧紧抱住了小熊，直到小熊窒息而死，随后自己也撞墙自尽。另外，据说海豚也会在难以生存的环境中选择自杀。

白天总会变成黑夜，黑夜也必将迎来白天，弗洛伊德认为，在我们的精神世界中，渴望生存的意志和渴望死亡的意志是并存的。

这就是前文中提到的渴望生存的自爱和渴望毁灭的自毁。这种意志属于生物渴望回归无忧无虑的非生物状态的一种本能。

我认为，阴阳出自太极，而阴和阳其实并非两种截然相反的物质，而是同一物质的两种侧面，这也是周易的理论。不过假如我们身体里没有渴望生存或渴望死亡的意志，那就无法解释为什么人们在精神均衡协调被打破时首先想到的是自杀，且一旦这种不均衡严重时，人们会走向自尽。

那么，我们体内的自爱和自毁什么时候会失去平衡？而什么样的人更容易面临这种困境呢？

韩国自杀率位于全世界第一位。自杀率最低的国家分别是智利、新西兰和爱尔兰。

我认为，这是因为智利人生活愉快，新西兰人热爱和平，爱尔兰人崇信宗教。那么可以推出，韩国自杀率居高不下的原因就是生活不愉快、无法享受和平、没有明确的人生价值观。看一看近年来韩国的社会现实就很容易理解了。毫不夸张地讲，目前我们的社会竞争激烈，物质主义盛行，如果在竞争中失败，我们便无处可去。

的确，最近和年轻人谈话的时候我经常会感到一阵阵惊恐。

每个人都梦想着变成亿万富翁，但这毕竟是不现实的。一次一位朋友对我说他不想就挣那么点小钱，于是我问他挣多少算大钱，他说，按照自己的标准来看，挣50亿韩元以下的都属于老百姓。还有一个朋友对我说他想一个月至少挣1亿韩元，这样才能住江南地区好几十亿的别墅，还能开辆进口车，送孩子上每月好几百万的双语幼儿园，让妻子在名牌百货刷无限制的信用卡。

这些人之所以会产生这样的想法，也要归功于大众媒体。看看最近的报道，全是关于钱的话题。当然，在资本主义社会中，钱是不可避免的词语。当一个人死亡时，报道中最吸引眼球的是他能得到多少补偿，当一个人失去政府岗位时，报道中必然会提到他贪污过多少财产，所以人们才会觉得自己挣不到那么多的钱不如自杀。

除此之外，文化也是重要因素之一。我们原本就对死亡有着宽宏的态度。西方会把死亡和犯罪相联系，但韩国更倾向于将自杀看成"含恨的人生和含冤的死亡"。另外，人们会把死亡当成一种"回归"，即组成我们身体的各种气会分散到各地，变成最初的形态。

于是，韩国人会把自杀当成表达自己难言之苦的最后一种交流手段。

自杀是另一种痛苦的开始

其实自杀是最为极端的逃避行为。这个世界和这个世界上的人都太可怕，我自己又太软弱无力，无法与他们抗衡，所以只好选择自杀来逃避这一切。

不过自杀的原因远不止这些。如果说这种心理是汽油，那么愤怒就是一根火柴，当人们点燃这根火柴时汽油才会燃烧起来。这个世界上的人们不仅不帮助孤立无援的我，反而把我逼向绝境。所以，我只能把自身的愤怒转嫁给别人，通过死亡的方式报复这个世界。

换句话说，本想杀掉那些无视我的人，毁掉这个无视我的世界，但我却没有那份自信，于是通过毁灭属于自己世界的自己，从而毁灭世界的心理就是自杀。

当然，自杀并不是由一两个原因促成的。人类的心理非常复杂，所以自杀的心理也并不简单。虽然这种举动在别人看来有些冲动，但大部分情况下，这些人心里已累积了各种问题。历史悠久的建筑物会先慢慢出现裂痕，最终才在瞬间倒塌；人类也一样，不断地受到侮辱无视，心中的伤痛逐渐增多，最终才会选择自杀。

不过自杀并不是痛苦的结束，而是另一段痛苦的开始。

如果一个人选择了自杀，那么他的家人每一天都如同生活在地狱中。他们会对自杀者产生负罪感，愤怒、恐惧、不安，无法安心地生活下去。

其中子女在这一方面表现得最为严重。父母自杀，孩子就会陷入一种自卑感，他们会想"如果父母把我当成了宝贵的存在，就不会抛弃我选择死亡了"。而另一方面，他们会对离开自己的父母产生怨恨和受害意识，始终处于怀疑和愤怒中。

只要想一想自己的孩子可能会因自己的贸然举动一辈子生活在愤怒、自卑与受害意识中，任何父母便不能轻易选择自杀。

还有一个重要的事实，那就是无论什么事物早晚都会成为过去。世界上没有所谓的永远，所有事物都在不断地变化。所以就算现在痛苦，也绝对不能放弃。

至于别人说什么，当成耳边风就好。请记住："小火会被风吹灭，但大火会在风的帮助下猛烈地燃烧。"小火是我对这个世界的抱怨，而大火却是渴望生活的意志。

我们要留住那些能够在危急时刻挺身相救的人。我的人生导师米勒博士说过："只要有一个人真正理解自己、关爱自己，人就绝不能放弃生活。"

所以，我们要主动把这样的人留在身边。而我，也正在使自己努力成为这种人。

尼克·霍恩比的小说《自杀俱乐部》讲述了一些怀有自杀念头的人聚到一起决定再活90天的故事。作者在作品中借主人公之口给出了这样的结论：

"在过去的数个月里，我第一次承认了自己将一些东西深深埋藏在内心深处。我所隐瞒的事情只有一件，那就是，我之所以会有自杀的念头，并不是因为我不想再活下去，而是因为太爱我的人生了。恐怕所有要自杀的人都是这样想的吧。"

当然，书中的主人公没有选择自杀。虽然中途经历了各种曲折，但最终他们理解了彼此，认识到人生还是有价值继续走下去的。从他们的故事中，我发现了到最后时刻都不失去希望是多么的重要。

直到人生尽头，我们才能知道我们的人生给我们自己准备了些什么。

所以，我们要不断地怀着好奇和热情走下去看个究竟，而且要学会把这个世界上唯一存在的我当成我自己最爱的朋友、最爱的人。和自己和睦相处的人是绝对不会选择自杀的。

治 愈 疗 法 5

被动攻击型心理所有者终究会毁灭自己

　　所谓的被动攻击型是指被动地表达自己感受到的愤怒，而对方却察觉不到的一种类型。平时我们会对自己瞧不起的人发火，相反，却无法对父母、上司和其他权力者动气。因为我们很害怕这种行为可能带来的后果。不过这并不代表我们的愤怒会消失，我们还是会不知不觉地选择其他方法来消除心中的怒火。

　　最常见的被动攻击型表达方式就是沉默。青春期的孩子们听到父母唠叨会狠狠地关上房门闭门不出，这种行为是最为常见的被动攻击型表达方式。更具潜意识的一种手段是巧妙地不去做对方希望的行为，举例说，假装忘记或故意拖延上司吩咐的事情，或者找各种各样的借口不向上司做汇报，或者对自己瞧不起的人发火等。父母希望孩子能够好好学习，而有些孩子却出于叛逆故意不学习，或者突然退学。在一个团队中，某些人会怀有"要死一起死"的想法，故意把事情搞砸。

　　不过被动攻击型心理的人终究会自己亲手毁掉自己。如果是因为对他人的愤怒而不学习，虽然当时可能会感受到复仇的快感，但最终受害的却是自己。所以，我们需要利用非自我破坏性的方式来表达愤怒。我们要学会果断表达自己为什么生气。人际关系是一种习惯，虽然对方一开始可能会反驳我，但总有一天也会自我审视一番的。

隐匿性抑郁症：笑容背后的另一个我

最近我感到这个世界变化太大，其中一件让我有此感觉的事便是电视上的娱乐节目。一看到艺人们在脱口秀节目中毫无遮掩地大谈自己的缺点甚至别人的缺点，我心里就不禁犯嘀咕。如果放在从前，人们肯定会想方设法遮掩那些不可见人的东西，而如今，人们对此却完全没有了忌讳。

有些人甚至主动跑来医院检查自己身体上或精神上有没有出现问题。这在过去是完全不可想象的。但从某种意义上来讲，这也是一件值得庆幸的事情。

现代医学证明，强行压抑、隐瞒和逃避问题是引发各种身体和精神疾病的重要原因。

当负面情绪被关在内部时

有一次，某电视节目因演员现场接受精神科诊疗而引起了社会的广泛关注。其中有人被诊断为"隐匿性抑郁症"，但正因为她平时经常会以明朗的笑容出现在各个娱乐节目中，所以人们才会深感惊讶。

不过仔细想想，这个结果也并非完全无法接受，因为她早早就失去了母亲，在没有家人的陪伴中孤单地长大，而且演艺生涯初期经历了太长时间的默默无名。正因为她强行压抑了心中的负面情绪，用笑容伪装了自己，观众们才无法相信她身上会有抑郁症状。

不过当她深夜醒来独自面对自己的时候，一定会感受到自己内心世界中强烈的抑郁情绪。当然，每当此时，她也一定会匆匆掩饰这一情绪（基本上每个人都会这么做）。正因为这样，她才会患上了抑郁症。

好莱坞当红喜剧影星金·凯利也同样患上过抑郁症，这一消息曾让所有人大吃了一惊。他凭借自己的出色演技和幽默感给大众带来了欢乐，在采访中也表现得非常开朗。不过在实际生活中，他却深受抑郁症的折磨。说不定他也经历了隐匿性抑郁症阶段，随着症状不断恶化，逐渐走到了现在。他曾出演过一部非常灰暗的电影，那次经历也和他的抑郁症有着密切联系。

抑郁症是精神科的常见病症。一般发病率在百分之五到百分之二十五，其中隐匿性抑郁症就是表面上基本看不出症状的抑郁症。如果一个人戴上面具，我们就无从看到他在思考着什么了。同理，患上隐匿性抑郁症的人就像带上了一副面具，其他人也无法看出他的抑郁症状。

一听到抑郁一词，我们通常会想象到这样一幅场景：心里极度郁闷，全身乏力，什么事情都不想做，在生活中感受不到任何乐趣，睡不好安稳觉，甚至还产生过自杀的念头。如果这种症状持续两周以上，医院就会将其确诊为抑郁症。不过这种症状一旦遭到强行压抑，就会以隐匿性抑郁症的形态出现。

隐匿性抑郁症有时会像前文中所述的两个人那样以开朗向上的状态表现出来，不过更多情况下会以酒精成瘾、赌博、身体出现症状等表现出来。儿童身上常会出现害怕分离、恐惧学校、多动等症状，青春期少年则会发生离家出走、无故缺席、滥用酒精或药物、性紊乱、行为过激等行为，而老人则会出现假性痴呆症状。

最重要的原因是我们不愿接受自己的感情。弗洛伊德说过，心里抑郁的人等于自己将愤怒转嫁给了自己。原本应该对别人表达的愤怒成为了自责，这样一来就会表现为抑郁症。症状加重时，还会转变为躁郁症。日常生活中常见的症状是情绪不稳、睡觉不安、话变多、行为夸张、购物成瘾等。

隐匿性抑郁症从某种意义上讲是躁郁症的一种症状。虽然我们在和别人相处时可以控制自己的情绪，表现出开朗的一面，而一旦独处，就会变得极度抑郁。

抑郁情绪不能掩盖，学会接受

抑郁情绪通常在受害意识、愤怒、不安、恐惧等感情没有得到解决时表现出来。

所以说，请不要隐瞒自己的抑郁情绪，努力学会接受它。我们一般会因为不安而变得更加不安，因为抑郁而变得更加抑郁。这会像滚雪球一样越滚越大，导致感情增幅。这时就需要我们直视自己的感情，并努力去接受它。

很多人认为，只要我们的感情有一点儿痛苦，我们就要把它当成一种问题来看待，巴不得尽快把这些情绪赶出内心。

这好比租房期限还有不少时间，房东却强求租客搬出去。我们要做的恰恰相反。我们应安慰自己："经历了那么痛苦的事情，怎能不难过呢。心痛是当然的了。"

这对别人也一样。不过我们仍会选择一些负面的举动，看到经历着痛苦的人，就会说一些激励的话，比如"想一想那些比你更痛苦的人，尽早站起来吧！"这样一来对方就会以为"原来我是这么软弱的人"，从而产生自责，使状态变得越来越恶劣。

战胜自然的方法是顺应自然，对待心灵的痛苦也一样。心灵的治愈过程是不能贪图捷径的。

即便如此，不少人仍希望自己能够通过某种神奇方式尽快治愈。他们希望自己能像电影或小说中所写的一样，在向医生说出自己的问题之后，医生回答说："您的问题是因为过去的某种经历。"他们期待着之后自己突然茅塞顿开。不过现实生活中不可能遇到这种魔法。从医生的角度来看，这种期待奇迹的人属于需要警惕的对象。因为这些人在人际关系上也期待着奇迹的降临。

咨询过程有时需要很长的时间。因为这种过程需要一个人慢慢敞开自己的心扉，一步一步地寻求问题的解决方法。我们有时会郁愤成疾，正是因为没有及时将心里话倾诉出来。

郁愤成疾具有一种独有的特征，那就是会表现出与火相关的症状。比如说，心里有一个巨大的火球，全身上下着了火一样在发热，感觉一种滚烫的东西涌上心头等等。又比如，头脑发晕，无法安静坐立，大冬天也要门窗大开。如果问这些人为什么会这样，他们会异口同声地说："因为没能把我痛苦的经历说给别人听。"

我把这种病症比喻为农夫堆肥的过程。农夫会一层一层地堆肥，让谷物腐烂。这样一来空气就无法循环，堆肥内部就会产生热量，从而生成肥料。

同理，我们如果把挫折、痛苦、抱怨及愤怒等感情堆积心底，总有一天会引发问题。没有通风的堆肥会产生热量，没有换气的心灵也会导致郁愤成疾。通常人们说的胸口闷就是这种现象。

一个年轻人在公司受到所有人的排斥，无法承受下去，最终选择了自杀。不料自杀未遂，变成了植物人。母亲如遭晴天霹雳，把儿子所在的公司告上了法庭。但法庭最终判决却是这家公司不需承担任何法律责任。无处诉苦的母亲天天站在警察局门口示威。无论刮风下雨，她都坚持着。就算警卫把她拉出去，也无法阻止她一次又一次地回来。

这位母亲极其渴望有人能够倾听她的冤屈。可是谁会关心她呢。直到有一天，一位警察局警长突然把她请进了办公室，问她为什么天天这样做。警长听完这位母亲讲的故事，对她解释道："我非常能够理解您的心情。不过您儿子的事件从法律的角度来看有着这样那样的问题。"随后又安慰她："您还是不要这样做了，照顾儿子更重要。"

母亲听完感激涕零："太感谢您了，您是唯一一位听完我委屈的人。"

感情的碎片，越积累越沉重

我们倾向于维持平常心。就像游乐园的跷跷板始终会保持平衡一样。想要让不平静的感情恢复原样，就需要更多的努力。换句话说，感情的振幅越大，我们需要做出的努力就越大。这样一来，我们的心里就会积累更多的感情碎片。这些碎片一旦没有及时排出时，我们就会患上各种病症。

打扫卫生最好不要拖到日后。因为日后做起来会费更多的时间和精力，我们会更不愿意打扫。每当此时，懒惰就会在我们耳边细语，"反正都这样了，不如回头一次性搞定！"十多天做一次也是做嘛。不过一旦过了十多天，我们又会再次拖后。我们需要警惕这种事情的发生。

内心也是一样的。我们需要定期整理之前积累的各种想法和感情。

这就相当于给心灵打扫卫生，把脏东西都清理出去。当然，做起来不容易。不过只要能坚持下去，就肯定能够见到效果。想要做到这一点，就要先努力包容自己的感情和想法，承认自己正在经历着一些痛苦，并积极寻找一些能够解决问题的方法。

常言说："一个人见到的风景有可能是他所掩藏的内心世界。"一旦整理好了内心，也就能打理好周边了。这不正是身心健康快乐的秘诀吗？

最好还要有一个能够谈心的知己。就算没有，我们也可以通过写日记的方式整理内心世界的垃圾。只要我们能够认真去做，就一定能为心灵换气，逐渐摆脱抑郁症或郁愤成疾等症状。

治　　　　愈　　　　疗　　　　法　　　　6

如何克服抑郁症

　　抑郁症是再常见不过的精神疾病。产生抑郁症的原因有很多种。比方说，人生的孤独、人际关系或事业上的失败、背叛、退休、外貌的变化，这些都是我们生活中常见的事情。所谓的抑郁症，是指突然有一天感觉这些事情给自己带来了莫大的痛苦，却没有解决问题的能力时而产生的症状。我们身体的所有反应也会随之变迟缓。

　　有趣的是，就算外部不让自己感到痛苦，也会因对自己的失望等问题让自己难过，从而患上抑郁症。抑郁症通常分为两种，一种是因为与生俱来的悲观气质等遗传因素产生的内源性抑郁，另外一种是因外部的问题导致的外源性抑郁。临床上一般会通过抑郁症出现的时间段来进行区分，如早上严重时属于内源性，晚上严重时属于外源性。

　　所以先搞清自己抑郁症的原因是非常重要的。弗洛伊德说过，抑郁症就是将愤怒的箭头瞄向自己。这句话的确不假。因为没办法将心中的愤怒转嫁给别人，所以会对自己产生厌恶感，而抑郁症也是由此而来的。

　　当我们的身体非常疲劳时需要休息，患上抑郁症的时候同样需要吃好睡好多运动等简单的人生态度。大部分抑郁症患者会在能量较低的状态下渴望强行克服症状，这样反而会导致症状进一步加剧。所以家人的理解和鼓励是相当必要的。

当一个人患上抑郁症时，我们常常会安慰他说抑郁症是再常见不过的病症，克服心中的软弱站起来，等等。不过这就好比让一个刚做完高强度体力劳动的人再去做一些更费力的事情。我们需要帮助对方去包容此时此刻正承受着痛苦的他自己。

对于不同于抑郁症的躁郁症，精神医学界已经对其原因进行了研究，相应的药物治疗也比较发达，患有躁郁症的人可寻求专业医师的帮助或接受适当的药物治疗。这时我们会反问："自己挺过去不就好了吗？要什么帮助啊！"对此我建议我们把这种事情当成我们的皮肤干燥时给皮肤涂抹润肤露。

很多患上抑郁症的人会对自己或周围的人怀有完美的期待值。这些人甚至无法接受自己是抑郁症患者这一事实。这种情况下，我们最好让对方知道，任何人都会面临精神和肉体的双重疲劳，而当情况恶化时我们就会陷入抑郁状态。

找到一个能够诉苦的人非常重要。为了避免陷入抑郁状态，我们最好从小事中找出成就感。养花时要不断地给花除去杂草、浇水施肥，照顾自己也是同样的道理。

虚假哲学倾向：堕落的世界无法让我干净地生活

有一个三十岁出头的男人来做心理咨询。那么大的人和母亲一起来诊所是相当罕见的。不过听完母亲的话，我完全理解了。他的父亲早逝，母亲只身一人把他拉扯大。他从小就非常听话，学习成绩也好，这让母亲很高兴。后来他考上了名牌大学并出国留学继续深造。虽然家里经济并不富裕，但母亲就算省吃俭用也要给他提供最好的环境。

母亲心想，当他学成回国找到了合适的工作，自己的任务也就算完成了。回国后，他在一家咨询公司工作过一段时间。不过这份工作并没有让他满意，于是他辞去工作，天天待在家里。理由很简单：公司生活不适合自己。职场生活中的人际关系让他头痛，不仅如此，还要时时刻刻看上司的脸色。每个人都为了生计而勾心斗角，自己却不愿意过这样的生活。他想当一个正直和真实的人，但这个世界太过浅薄，只知道追求物质，根本无法容下自己。

他还说，社会的发展形态违背了自己的价值观。理由就是"太浅薄，太追求物质"。而做母亲的却没办法对这样的儿子说什么。她的内心也产生了巨大的恐惧，害怕孩子根本就没有工作的打算。每当此时，她就会陷入极度的恐慌，但她非常害怕这种恐慌会表露出来，所以更无法对孩子表达什么。

就这样一天一天过去了，他的日常生活依然需要母亲打理。他经常会去附近的图书馆，看一些与哲学和社会运动相关的书籍。

不仅如此，他还经常会和网络上志同道合的人参加一些活动。不过他依然没有工作的打算。母亲劝他在状况进一步恶化之前最好做点事情，却被他当成了耳边风。最后实在忍无可忍的母亲寻求了长辈的意见，有人觉得孩子可能精神上存在什么问题，最好去做一下心理咨询。

当然，他一开始完全不愿意接受咨询。如果不是母亲每天以泪洗面，他也不会来诊所就诊。经过了两三次的咨询，他开始无缘无故地把矛头指向了我这个医生。他说，谈论精神问题却还要收钱，是不是有点可笑，这种行为是不是以追求物质为目标的"浅薄行为"？

我只好用一些小学生都知道的现实问题对他做了解释。我要给员工发工钱，诊所也要运营下去，而且我既然花费了时间和精力，就要得到相应的代价，等等。我还对他说："如果我不接受你的治疗费用，就等于让你的错误想法进一步扩大。所以绝对不能容许这种事情发生。"

逃避现实是欲望的另一种表达

你可能会问，"最近这个世道怎么还有这样的人？"

不过现实中的确存在这样的人。这些人的妄想来源于某种"虚假哲学倾向（pseudophilosophy）"。简单说就是，现在我没钱所以要出去赚钱，不过实际上却不会行动起来，满脑子都在想人为什么要吃饭，这个世界怎么全都是物质至上主义等问题，仿佛自己成为了一个了不起的哲学家一样，那么这种行为就属于逃避现实了。像这样，将抽象的想法施加在人生的现实问题上，从而逃避待解决的问题的倾向叫做"虚假哲学倾向"。

前文中那个青年身上就有着颇为严重的虚假哲学倾向症状。他的母亲在咨询过程中哭诉说想看儿子工作的样子，哪怕是一些纯粹的体力活也无所谓。而他却回答说，假如自己做那些纯体力活，某些靠着体力活吃饭的人就会失去饭碗，这是有悖于人类大爱的行为。无论我们怎么对他讲，他这样整天无所事事连累母亲帮他维持生计才是有悖于人类大爱，他仍旧无动于衷。

他出身名牌大学，还留过学，却是一个典型的无法适应现实的人。他一定非常想和别人一样找一个不错的岗位，不过他的内心世界存在着无法适应现实的问题。

正因为无法承认这一点，他才会通过逃避现实的方法用"虚假哲学倾向"来伪装自己。

名牌和山寨肯定有明显的差异，同理，真正对哲学的追求和虚假哲学倾向也有着天壤之别。真正的哲学目的在于追求人生的意义，而虚假哲学却是为了逃避现实的责任，是一种自我欺骗行为。

伊索寓言中《狐狸和酸葡萄的故事》讲的就是这种问题。狐狸路过葡萄地时看到了一串串可口诱人的葡萄，它不知不觉地停下了脚步。不过葡萄树太高，它无法够到葡萄。它用力跳了几次，施展浑身解数都没办法得到葡萄。狐狸脑筋一转，冲葡萄大喊："葡萄太酸了，肯定不好吃！"说完它就大摇大摆地离开了。

当我们使某件事情过度合理化的时候，就会引用狐狸和酸葡萄的故事。狐狸明明很想吃到葡萄，但想要吃到葡萄就需要付出很大的努力。它感觉无论自己怎样努力都无法吃到葡萄，所以才会欺骗自己说葡萄肯定很酸，就算摘下来也吃不了。这让人联想到了前文案例中的那个青年。

从他的案例中可以知道，大部分谈论虚假哲学的人的内心都渴望得到很多东西，对成功或财富的欲望比任何人都强烈。不过他们却没有追求和实现目标的自信，最终会变成那只说葡萄酸的狐狸那样，表现出"纠结于成功是非常没有价值的事情"。

这种态度好比这样一种人，他们虽然嘴上说"一看到大口吃东西的人就觉得恶心"，心里却很想尝尝对方的食物。周围如果有这样的人，就很容易受气。因为这些人会把自己放在道德的制高点，把其他所有人看成俗人。

生活对每个人来说都不容易，所有人遇到可怕的现实时都会产生逃避的想法。不过大部分人会努力地去面对那些现实。这个世界分为明和暗两种，我们的人生亦是明和暗的不断交替，我们精神上的问题固然重要，但脚踏实地，对生活怀有责任感的态度也同样重要。举个简单的例子，孩子们在考试前不好好复习，出去玩时心里就会不安，想要克服这种不安就只能学习。

案例中的青年在数次诊疗之后逐渐开始接受了现实，他慢慢体会到，现实不能逃避。

不尝葡萄，就不知葡萄是酸是甜。自古以来就有一个不变的定律，那就是只有不放弃的人才能摘到葡萄。

强迫障碍和偏执症：不安过度会成病

每个人都有过不安，感觉自己做的事情最后可能有个坏结果。有些人早上出门没过多久就回来看看门有没有锁好，煤气有没有关严实，这都是不安在作祟。

不安容易让我们纠结于小事，如果再加上负罪感，不安会增大数百倍。这种情况下，引发强迫障碍的概率就会更高。

我见过不少类似的事例。有一位年轻母亲不敢给孩子洗澡，因为她生怕自己会把孩子摔到地上。

表面上看，她的问题和给孩子洗澡有关。然而随着心理治疗的深入，我才逐渐找到了真正的原因。她的真正问题是因为自己对孩子有着巨大的负罪感。

在怀孕和分娩的过程中她的身体和精神上都经历了巨大的痛苦，有时甚至想一死了之。而这种想法日后演变成了对孩子的怨恨。虽然她没有对任何人说，但心里却一直在想，如果不是这个孩子，自己就不会那么痛苦。

经过各种折磨，终于到了预产期，她也顺利地产下了孩子。但她却非常害怕，因为自己在怀孕期间对孩子有过负面的想法。这种想法给她带来了极大的负罪感，每当看到孩子时，她的这种负罪感会更加强烈。负罪感渐渐成了不安，最终让她产生了因为怕把孩子摔在地上而不给孩子洗澡的强迫障碍。

压抑会引来强迫

电影《火柴人》中尼古拉斯·凯奇扮演的罗伊是一个非常恶劣的骗子。如果说骗子也分等级的话，他肯定算是最底层了。因为他的作案对象全都是老人或穷人们。

他和同伴一起打开电话本随机拨打上面的电话，如果接电话的是老人，就会说对方中了大奖，马上派工作人员把奖品送过去，以此得到对方的地址。然后，他会到对方的家门口以十多倍的价格把饮水机强行卖给对方。

如此这般，他的事业基本上可以维持下去，还瞒着同伴私下藏了很多钱。但他身体上却有个问题，就是病态的神经衰弱状态一直在持续，并非常严重。他有着洁癖症、强迫症、待人恐惧症、广场恐惧症等各种症状。所以只要不工作，他基本会老老实实待在家里，而且会在门上挂三四把锁，把家里打扫得干干净净然后消毒。

家里消毒剂的味道非常强烈，但也阻止不了他停止打扫。当然，他无法忍受别人弄脏他的家。偶尔同伴来找他，他却非常不愿意让他进屋。除了作案时间以外，他基本上都是孤独地生活着。他会时时刻刻地清扫家里的每个角落，还会经常确认锁门情况。

他之所以会变成这样，是因为他骗取了很多老人和穷人的钱，对自己的人生有着负罪感。他凭借着出众的外表和整洁的衣装使别人轻易地上当。表面上，他显得对自己非常满意，但潜意识中却很清楚自己做的事情非常过分。

这种负罪感使他诞生不安，不安情绪越严重，就越容易出现强迫症状。

他之所以会那么纠结于洁癖，也与死亡有关系。因为对自己的负罪感太大，他时时刻刻都担心自己会不会遇到不好的事情。这些不好的事情中，最为极端的就是死亡。他害怕自己没准会受到惩罚而死去，这种想法慢慢变成一种恐惧心理，因此他想方设法摆脱这种恐惧。他认为，在家把环境维持得干干净净就可以避免死亡，所以他疯狂地打扫家里。他会仔细观察每一片地板，连一小滴污渍都会擦得干干净净。

电影或电视剧中会出现不少像罗伊那样具有强迫症的人，比如《尽善尽美》中的杰克·尼克尔森或电视剧《神探阿蒙》的主人公阿蒙都属于强迫症患者。这些角色之所以那么常见，是因为他们所表现出的强迫行为会给那些以客观的视角看电影的观众带来笑声。

杰克·尼克尔森想尽一切办法躲开脚底下的斑马线。在饭店，他一定要坐自己常坐的位置并随身携带刀叉。而神探阿蒙在搜查案件的过程中也因洁癖吃尽各种苦头。这都会让人们产生怜悯。

不过这也会给观众们带来笑点。所以聪明的导演肯定不会错过这种素材。但对于电影中的这些人物来说，这些举动无疑是一种痛苦。电影中他们会因承受不下去而患上抑郁症，严重时会患上精神分裂症。

我们每个人每天都会经历很多次复杂的情感，比如攻击冲动、性冲动、敌对心、抱怨、愤怒和挫折等等。不过我们却不能把所有的感情都表露出来。因为这样就会被人们当成疯子来看待。我们只能强行压迫这种感情。不安情绪正是在这种过程中产生的矛盾产物。我们的这种状态一旦变得严重，就会演变成强迫障碍。

所谓强迫障碍是指人们本身不想做却不得不重复某种特定想法（强迫思维obsession）或行为（强迫行为compulsion）的表现。当事人很清楚自己反复的行为或思想非常不合理，不过如果不重复下去，他们心里就会很难受。前文中的所有案例都能说明这一点。

最常见的症状之一就是一天之内洗几十遍手，做笔记时只要一个笔画写偏了就会把之前做好的所有记录都撕掉重新写一遍，有些家庭主妇等不到家人按时回家就会坐立不安。她们会每隔一分钟给家人拨一次电话，让家人非常难受，但当事人却无论怎样都没办法改掉这个毛病。

如果自己明明知道某种行为不合理却无法停下来，临床就会将其看成是一种病状。大部分人在青春期到成年初期出现过这一症状，但也有些人会出现在成年以后。强迫症患者大多有着较高的学历和智商，另外还和遗传因素有一定关系。

普通人群中约2%~3%的人患有强迫症，而精神科患者中有百分之十左右的人患有强迫症。大多数强迫症患者在发病过后一段时间才能找出病因。这样一来，治疗效果必然不会太好。所以我建议大家一旦发现自己有强迫障碍，最好先去医院看看。治疗手段包括咨询治疗、药物治疗和行为治疗。这种病症并不能短期治愈，所以我们要适应现实，在治疗的过程中继续自己的工作。

无信任状态引发的偏执症

除了强迫障碍之外，带来不安情绪的又一个重要原因就是偏执症。所谓偏执症是指不安情绪过分强烈，对这个世界和他人没有任何信任感的一种症状。

患有偏执症的人觉得这个世界上的所有人都会伤害自己、欺骗自己、利用自己，所以他们不相信别人。在他们眼里，除了自己以外的所有人都心怀恶意，缺陷多多。

这些人时时刻刻保持警惕。他们认为，一不留神人们就会"操纵、虐待并利用"自己。这些人怀有近乎偏执的不信任感，把大部分时间和精力浪费在寻找对方隐瞒意图之上。偏执症患者一旦认为自己在团队或组织中受到了不平等待遇，就会非常愤怒，甚至还会将对方告上法庭。他们渴望进行心理咨询的原因也一样。有些人进行心理咨询并不是为了改变自己的想法，而是把咨询当成了发泄不安和愤怒情绪的一种手段。

曾经有个人总是在咨询过程中宣泄自己对他人的愤怒、对韩国的愤怒、对这个世界的愤怒。他所宣泄的愤怒其实在一定程度上也会让他人产生共鸣，对这些愤怒对象产生不满，比如那些在公共场合大声打电话的人，出入场所时不考虑别人用力甩门的人，在大街上一旦对上眼就死死盯着对方看的人。但他的敌对心实在太过强烈，他仿佛觉得韩国没有一片可居之地。此外，他对周边人的火气也非常大。

所有人都会欺骗我，为了"占我便宜"想尽各种方法。而他却认为自己绝不会被那种伎俩所蒙骗。因为他会时时刻刻睁大眼睛小心行事，以防自己受到伤害。

正如他一样，大部分偏执症患者只会寻找愤怒的借口，为了让自己的不信任合理化，他们绝不会说出有悖于自己想法的证据。这种症状基本上会出现在所有偏执症患者身上。当症状越来越严重时，他们就会执著于自己的想法，最终，组成自己精神世界的只有这些想法。

所以偏执症治疗起来非常吃力。症状轻微时，比起分辨他所持想法的对与错，更需要的是要了解他为什么会产生那种想法。让他了解一下自己是怎样看待自己的，以及对他人和社会持有怎样的看法，从而让他知道在持有那种看法的时候，不安情绪不仅得不到治疗，反而会变得更加不安。所以我们要积极帮助患者用全新的方式接触这个世界和这个世界上的人们。

当然，这一过程并不容易。世界上有人不值得相信，但也有人是极其渴望帮助他人的，这个世界不只有可怕的事情，只要让对方体会到这些，偏执症就会慢慢远去。

恐慌障碍：感觉死亡即将来临的不安和恐惧

不久前，李景奎在电视节目中坦白了自己患有恐慌症，引发了大家的广泛关注。首先我感叹他的勇气。韩国至今对精神治疗还有着很大的偏见，一般人不会把自己接受精神治疗的事情告诉周边的人，那么有名的人居然在电视节目中说出了实情，这种勇气实在难得。

其实，每次看李景奎出演的节目我就会不由自主地对这个人生出无限钦佩。无论是冲浪还是马拉松，或是在雪天登山，他所表现出的执著给人一种不畏死亡的心态。

或许是因为他担心一旦身为领袖的自己放弃了，会给整个团队带来巨大影响。对于他来说，经历了一段人生低谷，可能已经无处可退了。幸好他不懈努力，重新站了起来。至少从表面上看，他不会羡慕任何事情。现在他的自制方便面销售得也是红红火火。

不过他却吐露道，不知道从什么时候开始，他感到了比死还难受的不安和恐惧。因为人气很高，出于职业的特性，他肯定会受到一定程度的不安和焦虑。当他陷入人生低谷的时候，这种状态达到了极致。

不过，为什么至今如日中天的他为恐慌症所苦恼呢？一般来讲，多数情况下恐慌症源于对未来的不安。他比任何人都清楚，即使现在非常红火，也不可能避免将来的没落，所以他对未来的不安才会越来越严重。他正在经历中年人必须面对的难关。

面对中年难关的人们

这个时期会出现一种特有的适应问题，那就是精神价值的混乱。这种问题常常突然而至，让人防不胜防，所以思绪才会变得更加混乱。

精神医学专家荣格也在中年时期经历了同样的危机。当时他作为精神科医生和大学教授受到了很多人的尊敬，小日子过得颇为舒适。但突然某一天，他感到自己的人生缺少了一些意义和热情，内心瞬间产生了巨大的空虚感。他还发现身边很多人都承受着和他一样的烦恼。

他的大部分患者都是在自己的领域中取得高高成就且才华横溢的人（比如，赫尔曼·黑塞也从他那里接受了治疗），和荣格一样在中年期面临难关的他们不断地感慨人生缺少意义。

虽然他们表面上取得了巨大成就，但人生价值突然崩溃，他们开始对未来感到不安、忧郁、恐惧。荣格说过："自己就像在灵魂的飓风中盘旋的一张白纸。"所以荣格只好不断地暗示自己不是这样的人。

任何人在面临这种状态时都会产生恐慌，都会经历不安和恐惧的折磨。现实生活中也不乏这种案例。

某男士身为企业高管，却在一次开车的途中突然感觉死亡即将来临。恐惧之余的他把车停到了路边，直接奔向了医院。当然，他最开始去的地方并不是精神科。他以为自己的健康出现了问题，做了各种检查，后来才在大夫的建议下来到精神科。

40多岁的主妇金英善在一次聚会后独自回家的路上感觉心跳剧烈，喘不上气，仿佛自己马上就要死去一般。浑身的绵软无力手脚冰凉让她以为自己患上了心脏病或脑梗塞。她想打起精神，却始终使不上力气，只好在地下通道蹲了一会儿。这一小会儿对她来说仿佛经历了好几个小时。

她好不容易回到家，和家人们一起去医院接受了全方位的检查，但结果却显示她的身体没有任何异常。不过她非常担心日后经过地下通道时会出现同样的症状，所以索性避开了那条线路，最后还是去医院寻求了帮助。医生将其诊断为恐慌症。

徐英恩不知道从什么时候开始产生了抑郁和不安的情绪，无法正常地生活下去。和其他人在一起的时候她的心里会非常平静，而一旦独处就会感到巨大的焦虑。她周围有不少英年早逝的人。结婚后不久，公公被确诊为癌症，没过多久便离开了人世。随后婆婆和妈妈也相继病逝，再后来，弟弟死于一次交通事故。短短几年间，她经历了太多的事情，她的痛苦和失落感相当严重。

她一开始以为自己的症状源于亲人的离开。症状变得越来越严重，她的心跳时常加快，食无味，寝无眠。在大家的劝说下她去了几次医院，但没有明确的诊断结果。她每一天过着地狱一般的生活。最终，她被确诊为恐慌症。

恐慌症是假恐惧的反应

当病菌入侵我们的身体时，我们会出现发热、浑身不适等症状。因为身体会给我们传达异常状态的信号，还会告诉我们周围有危险降临，这些正是身体的恐惧反应。在伸手不见五指的夜晚，我们突然看到长相恐怖的人就会瞬间毛骨悚然、心跳加快，不停地流虚汗。这就好比精神信号对我们说可能会有危险的事情发生，要时刻警惕。

明明没有任何外部的刺激或危险，却会感受到死亡的降临，产生恐惧反应，同时引发严重的焦虑，这种症状叫做恐慌症。我们可以认为这是一种虚假的警告反应。

经历症状的人会将这种紧迫性和奇特经历形容为睡觉时突然做了一场噩梦。虽然本人会想尽各种方法振作起来，却感觉自己正在死去，知觉渐渐模糊，这种状态会进一步加剧恐惧感，于是他们脑海中只有一个想法，就是要尽快摆脱这种状态，寻求他人的帮助。

经历这种症状的人正如前文案例中的那些人一样，会因为身体出现的异常变化去医院做检查。虽然医生会说他们身上并无大碍，但他们还是不大相信，再找另一家医院。一旦这些症状再次发作，他们会产生所谓的"预期不安"，日后他们会害怕来到这种症状发作的场所，再也不愿意靠近那里。他们还会害怕出门，无论干什么都希望有人陪着。

人们害怕这种症状发生在公共场所或无法迅速脱身的场所，自己只身一人却得不到帮助，所以将逃避这种状况的行为称为"广场恐惧症"。广场恐惧症是指为避免独自在家，于是穿梭在人群中，坐公交、汽车和火车旅行等这种极度需要有人陪伴的状态。患有这种恐惧症的人中三分之二具有恐慌障碍。恐慌障碍分为伴随广场恐惧症和没有这种恐惧症的两种情况。

恐慌症患者会过度地夸张自己所经历的身体感觉或症状，会使不安演变为恐惧。比方说，在运动过程中心跳加剧，感到阵痛，人们就会以为自己有可能患了心脏病。

不过经历过恐慌症的患者很有可能做出了错误的判断。

有一些因素可以进一步诱发这类恐慌症。

首先，因为生活各方面压力使自己处于慢性紧张状态或敏感状态，所以外部环境的轻微变化也会给自己带来过度反应。80%的恐慌症患者经历着过大的生活压力。

第二个因素就是周边的环境。在一些空气不畅通的场所，比如像坐车或坐电梯那样容易让人头晕目眩的环境，像百货商场那样广阔的空间，像葬礼或重患者室那样容易刺激人对死亡的恐惧的环境，又比如刺激的气味、远离家乡等等。

除此之外，比如处在完全休息的状态时，情绪愤怒时，身体极度疲劳时，和配偶或子女离别时，摄入药物或酒精时，咖啡喝多时，上下台阶或剧烈运动后，酷暑或寒冬在外行走时，看刺激的比赛或恐怖的电影时，东西吃多时，一番激烈的争论后等等是症状高发的原因。

想要摆脱恐慌障碍，就要先明白这是一种虚假的恐惧反应，认识到自己夸大了自己的状况。尤其需要做到不将身体上的微小变化联系到恐慌症上。

要认识到，这种症状过一段时间就会消失，而且不会对生命产生任何威胁。

从徐英恩的案例中我们可以发现，她对自己的自责让人惋惜。她觉得自己之所以会承受那些痛苦，都是因为自己不够坚强。如果自己是一个更坚强的人，就肯定能够摆脱那种状态。

我对她讲了日本大地震的事情。地震之后，还会发生几次余震。这是不可避免的自然规律，所以我们无法对其表示抗议，只能老老实实地接受它。

她所承受的问题其实和余震差不多。亲近的人一个接一个地离开给了她很大打击，理所当然，她会长时间感到悲痛。这与余震一样不可避免，而她却把原因归结到自己的懦弱上，这就导致了负罪感的产生，随着时间的流逝，她所承受的悲痛就会越来越大。

在我对她进行了充分说明之后，她才开始渐渐理解自己的状态。她慢慢认识到自己为什么会如此不安如此忧郁，这种状态为什么会持续那么久，并开始考虑怎样才能摆脱这种状态。

近年来我们可以通过药物治疗使这一症状迅速改善，所以患者最好的方法便是去医院寻求专家的帮助。

换季心病：春天只会显得残忍的理由

一到春天，就会有很多人患上换季病。春天会让人们感到寂寞伤感，如果程度加重，便与患上换季病无异。

比较典型的症状是食欲大减，周边环境乱七八糟，心情一片混乱。这些人哪怕只是静静地坐着也会很难受，无法投入地做任何事情，偶尔还会莫名其妙地伤感忧郁，有些人身体还会出现不舒服的症状。去医院做检查查不到任何问题，医生会建议他们做心理咨询。对于这些人来说，春季必然是残忍的季节。

换季之际，很多人会感冒，身体不适，情绪抑郁。这是因为在换季时，我们的身心还没来得及适应新的季节，所以才会出现以上症状。其中最能让人痛苦的季节莫过于春季了。

有人会说："春天往往会给我带来不好的事情，所以我非常讨厌春天。"仔细听听还真是这么回事。有一年春天她和男朋友分手后不知道该怎么办，只好搬到父母那里去住，不料奶奶去世了。从那时开始，每当春天来临，她就会陷入不安和焦虑，害怕又会发生什么事情。

我问她，之后有没有发生什么事情。她想了想说，没什么特别的事情。

正所谓一朝被蛇咬十年怕井绳，她就是一个典型的案例。她不喜欢春天。咨询的过程中我发现，她从小就患上了换季病。尤其当春天和秋天来临的时候，她总会卧床不起。后来正好赶上在春天遇到了一些不吉利的事，她便毫无理由地讨厌起了春天这个季节。

我对她说，现实中有很多人患有换季病。我还对她解释了为什么我们会在春天变得那么敏感。

根据量子力学理论，宇宙中的所有能量都是由波动组成的。拿四季来说，冬天是波动最弱的时段。比如说，大树会掉落所有果实和树叶，安静地度过一个冬天。狗熊等动物更是通过冬眠的方式过冬，人类也同样会在冬季减少出行抵御严寒。冬季，能量的波动相应减少，大自然也不会产生太多变化。这是一段休息期。

不过一到春天，情况就会完全不同，万物皆会复苏。首先，冬天冻得僵硬的大地会苏醒，我们到处都能看到热源效应。风变得格外温和。最先让童年时期的我们感觉到春意来临的就是融化的大地。我们处处都能看到神奇的热源效应，我们幼小的心灵中也会涌出莫名的期盼。后来我才知道这些感情叫做"最原始的乡愁"。

春天是全新的一季。在这个季节，大自然中的所有元素都在准备迎接新生命的到来。瞬间我们会看到百花齐放，处处青绿。假如我们能够听到那些声音，估计会很吵吧！这就好比一个人经历分娩之痛，怎么可能消停。

当然，我们没办法亲耳听到这些声音。不过，我们肯定会在不知不觉间用身体和心灵感受到。

人类是自然的一部分，所以一定能感觉到这些变化。不然我们就不可能整天抱怨没有食欲了。有些人甚至说自己能够感觉身体中的某个部位在蠢蠢欲动。

T.S.艾略特在《荒原》中写道："四月最残忍，从死了的土地滋生丁香，混杂着回忆和欲望，让春雨挑动着呆钝的根。"春天就是一个见证崭新的花朵从静静的地面绽放而出的季节。

两种感情并存的春天

一到春天，人体内两种难以并存的感情就会同时出现，心动和失落美妙的结合。想必大部分人会对我的观点产生共鸣。

这种状态如果再敏感一些，就会演变成前文中所说的换季病。这个世界上的大部分事情发生在我无法接受变化的时候。换季病也不例外。

首先，接受换季的变化非常重要。人类也属于大自然的一部分，所以肯定要受到大自然变化的影响。变化就是换季病的起因，这一点毋庸置疑。春季之所以会如此残忍，也正是因为这个原因。

不过这种变化也会使我们的生活变得更加丰富多彩。只要我们这样去想，就可以克服食欲不振和忧郁的情绪，然后感慨一句"原来春天到了"。

我们要尽可能吃适季的东西，保证充足的睡眠。总之，要减少生活带来的各种压力。有些平时喜欢但因各种原因没能尝试的爱好也值得一试。享受自己身上产生的各种变化也是预防换季病的一种不错的选择。

擅长冲浪的人会把自己的身体交给海浪。我们也可以将自身托付给大自然的变化，接受"我是大自然的一部分"这个事实，困了就睡，饿了就吃，想做什么就做什么。

孤立：无法消除的灵魂伤痕

不久前在《TV动物农场》中看到了一个奇怪的场面。有一家养兔场连续一年出现了夜晚兔子耳朵被切除的可怕事件，很多兔子的耳朵一角会掉落或印上牙印。老兔小兔无一例外。养兔场老板说严重的时候还会危及到兔子的生命。实际上在拍摄的过程中还真发现了被咬死的兔子。

开始大家理所当然地以为这些是一些野兽的杰作，于是专家们想要找出事件的真相。

但他们完全看不到外部入侵的痕迹，只好设置了几台监控摄像头观察晚上的情况。令人意外的是，凶手就是圈在一起的兔子。据专家称，兔子一般不会做出咬死同类的野蛮事情。不过一到晚上，这只兔子就会变成可怕的绿巨人，无情地攻击其他兔子，狠狠咬下它们的耳朵吃掉。更令人吃惊的是，兔子之所以会做出这种举动，源自它的心理。

原来，这只兔子和其他兔子不一样，两只耳朵像小狗一样下垂。养兔场的无数兔子中，只有它的耳朵是下垂的。这种独特的外表就是事件的起因。一开始那只兔子来到养兔场的时候，受到了其他兔子的严重排斥。

医生说，动物们也会狠心地排斥和自己长相不一样或身体弱小的同类。看来那只兔子也不例外。它遭受了严重的"排斥"，从而产生了很大的心理压力，最终患上了心理疾病。

想必它搞清楚了自己被其他兔子排斥的原因正是因为不一样的耳朵，否则就无法解释为什么一到傍晚它就会疯狂地咬掉其他兔子的耳朵了。严重的排斥现象让它患上了精神病，从而引发了它的偏执和暴力倾向。

尽管如此，它那种疯狂的举动让人非常吃惊。因为它的行为和人类没有两样，所以人们才会更加意外。

人际交往无需因人而异

在临床案例中，有不少因为饱受孤立排斥折磨的患者。如果治疗不及时，他们会产生自闭倾向，或者会具有偏执或暴力倾向。无论是哪一种结果都不能使他们适应社会。他们只能痛苦地生活下去，而他们的家人所要面对的痛苦是同样严峻的。

每当看到这些人时，我就会想，如果这件事情的加害者能够体验受害者所经历的痛苦，就会知道这种事情多么可怕了。

有一位年轻女性因社会恐惧症和抑郁症来到了我的诊所。她时时刻刻都在看别人的脸色，没有一点儿自信，她认为和别人打交道非常困难。大学毕业后她开始了职场生活，但每一天都非常痛苦，这让她甚至萌生了自杀的念头。

随着咨询的深入，我终于找出了她的病根。上小学6年级的时候，她受到了同学们的"孤立"。

她有一个关系不错的同桌，但因为她在一次考试中取得了高分，同桌对她的态度转了180度，挑唆班里的同学一起欺负她。一开始孩子们都犹豫不决，后来都慢慢地加入了这一行列。在孩子的世界中，这种行为太残忍了。

她现在虽然已经是成人，但还是没能摆脱这层阴影。不久前，她见到了那个同桌。令她意外的是，对方热情地接待了她，仿佛完全不记得以前做过什么事情。正因如此，她受到了更大的打击，最终选择来医院就诊。

排斥孤立是伴着人类的诞生来到这个世界的。动物出于本能会排斥和自己不同或身体弱小的同类，人类也毫不例外。这就是为什么我们到哪里都能见到仅因为和自己不一样就严重排斥对方的人。

不过这种人只占很小的一部分。大部分人都明白待人要公平，他们也在不断地克制着这种行为的发生。那是因为人类具有自由意志，可以选择自己的行为。

这就是只能依靠本性生活的动物与人类的根本差异，也是人类能够作为万物主宰者的原因。

除了自由意志之外，还有一样东西是人类独有的，那就是自我反省能力。只要有这种能力，人类就可以回顾自己的行为，对自己的行为进行反省，下次做出更正确的选择。

人类的优点是可以通过学习不断地改变自己。近年来，大脑科学领域也证明了我们的大脑有着强大的能力去学习新事物。当然，做起来肯定没那么容易。

所以我们从小开始就要帮助别人养成这种习惯。我们越努力，这个社会上受到排斥和孤立的人就会变得越少。

自卑感和负罪感：自己给自己打造的坚固牢房

很久之前看过一部叫《驱魔师》的电影。让我印象最深刻的场景是恶魔操纵正准备驱魔（把恶魔赶走）的神父。这位驱魔大师有一个致命的弱点，就是对母亲怀有强烈的负罪感。在知道这一事实后，恶魔变成了他母亲的样子。神父出于对母亲的愧疚感，无法发挥出原有的能力。

因为这部电影太老了，我想不起神父为什么每当见到母亲时会产生负罪感。但我再一次体会到"负罪感这个东西真是难缠"，我还从中受到了小小的冲击。

直到现在，我还能常常回忆起那个场景。因为有不少饱受负罪感和自卑感折磨的人来过我的诊所。他们和电影中的神父一样，紧紧地被负罪感和自卑感套住。所以，我会经常给他们讲神父的故事。

负罪感和自卑感在这里是一种不合理的情绪。人总是把黄豆般渺小的东西看成巨大的石块，再加上自己会不断地对自己暗示，要把这种力量看得更强大，所以才会出现电影中神父的那种情况。很多咨询案例都能体现这一点。

一位女性非常渴望得到丈夫的爱。她很清楚，丈夫之所以会选自己，是考虑到她能够好好对待他的家人。她对丈夫和丈夫的家人可谓是无微不至，完全牺牲了自己。不过他们一家人非常自我，而且不大喜欢称赞别人，她最终得到的却是指责。越是这样，她就越想努力得到男方的认可。她总是一声不吭地顺从，她的病症也由此变得越来越严重。

当她发现这一切都源于自己的自卑感和负罪感后，她便慢慢摆脱了这种束缚。

她明明做出了很大牺牲，却对自己的行为没有任何信心，因为心里总有自卑感和负罪感——"我做得到底有没有足够的好呢？"

《驱魔师》中那位神父同样对自己的人生缺乏自信。

是啊，谁没有这种感觉呢。不过我们还是会因为自己人生的不完整而产生自卑感和负罪感。

自卑感是一种拿自己和他人做比较，或无法满足自己的期望而产生的情绪。相比之下，负罪感的根基更深一些。负罪感的产生根源于我们内部的超自我在残忍地批判着自己，它就像一个时时刻刻监视学生的老师一样。

初中一年级的时候，我的班主任是一位非常可怕的人物。上别的课时，我会突然感觉到背后一凉，转眼一看肯定能够看到他从后面监视着我们，而我正好和他四目对视。每当这种时候，我就会感到毛骨悚然。同样，心中的超自我过分也会产生这种感觉。

当然，完全没有自我或超自我的罪犯，以及患有人格障碍的人也会产生问题。但超自我过分强大同样会给我们带来许多问题，它会使我们无论对什么事情都心怀自卑，时时刻刻拿自己和别人比较，妄自菲薄，这样会让我们对自己的这种态度感到不满，周而复始形成恶性循环。

给予自己肯定

摆脱这种状态的方法只有包容自己的一切。因为无论是自卑感还是负罪感，其原因都在于无法真实地对待自己。

比方说，有些人由于很讨厌自己的某些方面，渐渐产生自卑感和负罪感。他们会想方设法在别人面前掩盖自己的这些方面。当一个人习惯于隐瞒时，就会把虚假当成真实。这就好比某种洗脑，当状况进一步加剧时就会变成一种病。换句话说，对自身的过高期望会引发自身的自卑感和负罪感。这种情况下，我们应该不断地对自己说，这个世界上不存在十全十美的人。

我们通常会把奇怪的思维、话语和行为当成一种精神病患。然而这些现象只有在病情相当严重的时候才会出现。所以在病情加剧时，家人们根本察觉不到精神病倾向。我从家属那里最常听到的一句话就是:"我们怎么可能不知道呢! 只要看一眼就能知道啊! "

因为直到病情加剧之前,家属所看到的也只是患者稍微凸显出来的缺陷,所以家属们就会觉得不过是患者坏毛病发作了而已。慢慢地,患者的缺点会完全掩盖他的优点,变得一无是处,这种状态就是精神病。

有一位女性,健康的时候是一个诚实的妻子和母亲,病情恶化时,她就会变成完全不同的另一个人。在他人眼里,她是一个不懂关怀他人的狂躁女人,不过平时这些都被她的诚实所掩盖了。她原本就非常固执,总认为自己的想法非常正确。一旦病情加剧,这些被诚实掩盖的缺点就会暴露无遗。虽然她不愿意让别人看到,但她身上却的确存在着一些黑暗面。

负罪感和自卑感同样是一个人的影子。平时它们会被深深掩藏在心里,看不清楚。但这些情绪一旦表现出来,当事人就会陷入瞬间产生的恐惧感之中。因为他们害怕自己的这些黑暗面被别人发现。这种不安和恐惧往往会消耗内部的能量,再没有多余的能量去维持正面的东西了。除非患者能够接受真实的自己,不然就没有其他解决方法了。

这些自卑感和负罪感在每个人身上都会有不同的表现。察觉到这个事实的人就是荣格。他把这种现象称为情节(complex)。在进行词语联想测试的时候,被实验者听到某些单词会显得犹豫不决,或者表现出情绪上的波动,这正是因为这些单词触及了他心中的某些东西。

有一个人和自己的兄弟关系非常不好。他好久都没有和亲生兄弟联系过，他平时很不喜欢被问到关于兄弟的事情。因为他不知道该怎么回答才好。

我对他说："其实这个世界上有很多人与你一样，所以你根本没必要产生自卑感或负罪感。越是这样，就越要用简洁的语言回答。"他这才舒了一口气。

想要自己的物品不发霉就要多晒太阳多通风，同理，自己心中的自卑感和负罪感一旦表露出来就不再是自卑感和负罪感了。有一首歌唱得好，"把手伸进黑暗的地方照亮它"。

每个人都是从自卑的状态出发的

精神医学专家阿德勒说过，每个人都是从自卑的状态出发的。只要没有人照看，就肯定会非常无助地生活在这个世界上，所以每个人都会有自卑感。我们需要通过克服自卑争取优越感和权力，实现人格的发展。

我们要知道，人人都会有自卑感。我们还要思考，付出怎样的努力才能补偿这种自卑感。如果无法改变就接受，如果能够改变就努力去改变。

比如说，我个头很矮，那么就没有必要因为这个产生自卑感，反而要接受个头也是自身一部分的事实，把更多的努力用在开发其他的优势上。人，越是执著于自己未能得到的东西，就越会觉得那个东西难以得到。不管自己怎么烦恼，个头都不会有变化。所以，只要把它当成自己的一部分，别人也会欣然接受的。

我们的大脑和肌肉一样，可以通过自身的努力不断地得到发展。烦恼不会改变什么，还不如努力寻找发展自身的方法。

拒绝恐惧症：浇灭你的人情欲望

特蕾莎修女说过："这个世界上最大的不幸莫过于别人希望我不存在。"每个人都为了避免这种不幸而用尽浑身解数。这也是我们会艰苦奋斗去求得他人认可和爱戴的原因之一。

德国的哲学家霍乃特用一本《人情斗争》描述了这些现象，表明我们所具有的人情欲望非常强烈。实际上有不少人正因为这种状态，饱受拒绝恐惧症的折磨。

他们无法忍受别人讨厌自己这一事实。

对这些人来说，他人的评价是这个世界上最重要的东西。正因为如此，他们才会不惜牺牲自己的时间、金钱，甚至职业去求得别人的高评价。精神科将这些人分类为"外部自我"明显的类型。换句话说，就是在自我功能的外部评价自身行为的标准。这些人的最大特征就是睡觉前会仔细回顾一整天发生的事情，就像回放电影一样。他们回顾地尤其多的是当天遇到的人。他们脑海中只有"对方今天是怎么看我的""我给对方留下了什么样的印象"等等，如果感到自己被拒绝了，就会非常难受，深陷挫折和抑郁之中。

不久前刚上映的好莱坞B级电影中有一部名为*Big hit*。电影中的主人公是一个有着强烈拒绝恐惧症的杀手。他患有严重的神经症，甚至身上带着喜剧色彩。他是个专业杀手，只要有任务就会积极地去完成。有一次朋友把切块的尸体交给他保管，当他发现尸体发出阵阵恶臭之后，居然跑到女朋友家里从容地用水清洗。真是一个伟大的人。不过他身上却有一个致命的缺点，就是无法容忍别人讨厌自己。

他认为，自己所杀的人是连罪犯都不如的人渣，自己不需要有什么负罪感。

因为无法忍受周边人的拒绝，他被周边的各种人拉去当替罪羊。有几个同事不仅出卖了他，还想方设法置他于死地。而他，却依然为这些同事们赴汤蹈火。原因只有一个，他害怕被别人讨厌。每次电影里出现这种场面，观众就会被他那"芝麻大的"纯真逗得捧腹大笑。

为了给未婚妻准备钱，他参与了一桩绑架日本富商女儿的案件。这次他仍然想尽办法讨好被抓来的人质。这位人质忍无可忍，抛下一句："你得去看看医生了。"当然，他完全无法理解人质的话，因为他满脑子只有一个想法，那就是如果对方拒绝了他该怎么办。他的故事很巧妙地表现出了人类的人情欲望是何等强大。

虽然不至于这样夸张，但我们每个人应该都不喜欢被别人拒绝。有人说过，渴望得到敌人的认可正是人之本性。

众所周知，韩国人非常敏感于他人对自己的评价。我们从小培养孩子的方式就很好地体现了这一点。如果孩子不听话，他们不会向他解释为什么不能这样，而是会说"别人看到了会怎么想？"或"你真给我丢人"。

我们在不知不觉中把孩子培养成了极其敏感于他人评价的人。不可否认的是，我们每个人都对别人的评价非常敏感。

接受真实的自己，摆脱他人视的束缚

马斯洛认为，拥有并实现健康自我的人会欣然接受自己的本性。每个人都具有优缺点，所以没必要觉得缺点有多可耻，也没必要炫耀自己的优点；没必要歪曲自己，更没必要改变自己，顺其自然地生活就好。

但有些拒绝恐惧症患者却无法过正常的生活。因为他们羞耻心太强，总会对自己的缺点或失败非常敏感。

他们害怕别人看到自己那些可耻的形象后会讨厌自己，拒绝自己。所以他们只能像电影中那个杀手一样想尽办法地去讨好别人。他们无法抗拒别人的请求，万一被别人拒绝了，就会觉得自己非常不幸。

不过有一个问题必须要指明——其他人对我们的兴趣其实没我们想象中的那么大。

首先我们应该回顾一下，我们对别人有那么大的兴趣吗？

没有。我们也会把主要的精力放在自己身上，不会去管别人的闲事。当然，我们谈论别人，不过这并不是因为对他们产生了兴趣，更多时候只是为了假装感兴趣而谈论他们，把他们当成茶余饭后的谈资。因为这样，我们就可以暂时忘却自身的焦虑、恐惧以及愤怒。

其实，多数情况下，所谓的他人视线都是我们自己的视线。所谓的他人也只不过是我们自己为了观察自己而想象的虚像。意识到这一点，我们就能摆脱他人眼光的束缚了。

仔细想一下，即使我们平时那么在乎对方，对方又会在我危急时提供什么帮助呢？面临危机时，能够解救自己的也只有自己。所以，我们不应该因为他人的视线而感到难过，要任其自然地成长。

喜欢在意别人眼光的人大都极其渴望得到别人的认可。在他们的心中，别人的眼光其实就是自身欲望的投影。

只要认识到了这一点，我们就能够将更多的精力放在自己身上，使自己充实起来。如果你患有拒绝恐惧症，那么，请堂堂正正地面对"我自己"吧。因为只有对自己有了自信，才可以摆脱他人视线的束缚。

Epilogue
"只有爱才能救赎我们"，这句话依然有效

去年，爱犬离我而去。那小小的家伙是我第一眼就看上的。它和我一起走过了七个春夏秋冬。家里所有人都非常爱它，它却和我有着独一无二的感情。我有时早早回家也仅仅是为了看它一眼。当然，它也能读懂我的爱。

然而，心爱的小狗却突然离开了我。一开始它身体有点儿不舒服，我急忙把它抱去了宠物医院，却没什么用。在医院，它的症状变得越来越严重，大夫建议我将小狗"安乐死"。当然，我绝对不能那么做。我带着小家伙去了更大的医院，心里反复祈祷着："不管有什么事，你都不能死。"

它平安地度过了第一天晚上，我这才安下心来。

每个人在面对人生悲剧的时候都会有渴望奇迹发生。电影《我和茉莉》中的主人公曾对医生大喊："我的狗是独一无二的，一定

会起死回生的！"这次，我也一样。

不过我立马感受到了人生不会给任何人特别的权利。医院打来了电话，说小狗已经合上双眼了。瞬间我感觉整个世界都塌了下来。一想到那个小家伙在没有任何人的陪伴下离开人世，我的眼泪就哗哗地掉下来。

当我们和心爱的人永远告别，人生的其他任何问题都显得暗淡无光。而我，再一次深深体会到了这一点。

在死亡面前，任何事情都显得不再重要。尽管如此，我却陷入深深地自责，埋怨自己有太多的事为何当初没有做。

在突然降临病魔之前，它还是一只健康的小狗。它特别喜欢散步，每天早上都会用充满期待的眼神看着我，但我却经常无视它。我当时想，比起和这小家伙散步，提前半个小时去诊所能处理更多的事情。当小家伙真的离开我的时候，我才发现那些事情其实根本没必要马上去处理。我脑海中尽是没能为小家伙做的事情。

人生中最重要的是什么？不就是为那些需要我的人做出只有我才能够做到的事情吗。不过再怎么忏悔都来不及了，因为小家伙永远地离开了我。

我们所具有的生命能量是有限的。所以人生中怎样分配这些能量是再重要不过的事情。随着爱犬离开我，我才能用心感受这句话。

我好像知道为什么狗的生命比人更短了。经历过的人应该知道，狗的爱是没有任何计较的。它们会把所有的爱奉献给自己所爱的人。

相反，我们人类又如何呢？我们会努力去偿还别人对我们施与的东西，因为我们觉得，如果自己给的太多，就会遭到更多的背叛或欺骗。

当然，这是有意识的计较。我们这么想，是因为我们会不由自主地保护自己不受到他人的伤害。狗类却不同。它们不会计较任何代价，全身心地爱它们的主人。说不定正因为这种专注和奉献，它们的生命才会如此短暂。

我有属于我自己的故事

在人与人之间，这种爱基本上是不可能存在的。或许偶尔会有，但包括我自己在内的一般人都很难经历这种爱。

其实并不是因为我们不知道怎样去爱。无数的书、电影和电视剧都会告诉我们什么叫真爱，有时感动，有时生气，有时憧憬，有时当作榜样，有时变成反面教材。我们会被其中的每个故事深深吸引。

不过所有的故事都不是我自己的。我有我自己的故事，我自己的爱情。而且只有我才知道怎样去经营自己的爱。

我们的问题在于，很难将其付诸实践。明明知道先迈出一步，接下来的每一步就会很顺利，却无法先踏出那一步。

并不是没有原因。爱的过程中总会伴随着期待和不安。我得不到我赢得的爱，我也许就是一个不值得别人爱的毫无价值的存在，我不想受到伤害，有太多的心理动机在阻挠着我们。

不过，我们还是要相互关爱。因为只有爱才能救赎我们。

你觉得这句话太表面，太陈腐了？不过没办法，谁让这句话依然有效呢。

关于应该怎样去爱，也有一个陈腐而有效的答案。我们可以从法国的精神医学专家弗朗西斯·多尔多的文章中找到答案：

"我们要为了爱别人而爱自己。我们要接受和他人相处的过程中经历的失败，甚至要接受欺骗和对话中产生的任何矛盾。"

当然，说来容易做来难。不过我们至少可以努力去尝试一下，说不定我们就可以更加平稳地、轻盈地、优雅地应对所有形式的爱了。